Iron Maiden

Redbook

Iron Maiden

Andrés López Martínez

MA
NON
TROPPO

Un sello de Redbook ediciones
Indústria 11 (pol. Ind. Buvisa)
08329 Teiá (barcelona)
info@redbookediciones.com
www.redbookediciones.com

© 2017, Andrés López Martínez
© 2017, Redbook Ediciones, s. l., Barcelona

Diseño de cubierta: Regina Richling
Diseño de interior: Amanda Martínez

ISBN: 978-84-946961-5-2
Depósito legal: B-23.846-2017

Impreso por Sagrafic,
Plaza Urquinaona 14, 7º-3ª
08010 Barcelona

Impreso en España - *Printed in Spain*

«…et ne nos inducas in tentationem,
sed libera nos a malo.»

Índice

«Creo que lo más importante ha sido mantener la integridad. En Iron Maiden siempre hemos tenido muy claro quiénes éramos, quiénes queríamos ser y quiénes no queríamos ser. Siempre hemos sido nosotros contra el mundo, por encima de tendencias y de cualquier opción con la que no nos sintiéramos cómodos y que pudiera traicionar nuestra esencia. No hemos querido salir en revistas sensacionalistas, ni en 'reality shows', ni en anuncios frívolos. Nuestra esencia era más importante y hemos sabido mantener nuestra integridad. El resultado ha sido una carrera de éxito.»

Bruce Dickinson

«Si Steve no llevara las riendas de todo esto, Iron Maiden habrían desaparecido hace mucho tiempo. Steve guía a la banda y no tiene nada que ver con ser un controlador, sino con llevar a cabo una especie de control de calidad, que va desde el diseño de las portadas hasta la música. Alguien tiene que ocuparse de ello y Steve lo ha hecho desde el principio.»

Dave Murray

—¿Qué les dirías a los que piensan que Iron Maiden ya no son importantes?
—A tomar por culo.

Steve Harris, *Metal Hammer, 1995*

Prólogo

«En realidad, un concierto de Iron Maiden de 2017 no es tan diferente de un
concierto de Iron Maiden de 1987. Por supuesto, la tecnología es distinta y Bruce
Dickinson se viste como si estuviese en una banda de nu-metal de principios del
siglo XXI, pero si estás buscando un espectáculo con una gran puesta en escena, una
mascota que se mueve y solos de guitarra, la Doncella que amaste entonces es la
Doncella que seguirás amando ahora.»

Cory García, *Houston Press*, 2017

Iron Maiden son, con permiso de Judas Priest, la banda más representativa
del heavy metal. Y en ambos casos, al igual que en el de otros muchos, son la
reafirmación del sueño de los hijos de la clase trabajadora británica. El de la
banda de Rob 'Metal God' Halford desde la industrial Birmingham (a su vez
cuna de otra vaca aún más sagrada, Black Sabbath), mientras que en el caso
de la Doncella de Hierro, desde los barrios obreros de Londres. El padre de
Harris era camionero y el de Smith pintor, mientras que la madre de Murray
trabajaba ocasionalmente como camarera. El padre de Dickinson, nacido en
Worksop, en el corazón de Inglaterra, era mecánico, así que otro miembro
más de una clase obrera, cuya pertinencia marca, enorgullece y diferencia,
pero que aún así ha ganado a lo largo de su carrera como cantante el dinero
suficiente como para permitirse el capricho de invertir en 2015 medio millón de euros en Hybrid Air Vehicles, una compañía aérea embarcada en el
proyecto de construir el Airlander, un avión híbrido similar a un dirigible y
considerado la aeronave más grande de la historia.

Musicalmente, los orígenes de Iron Maiden se circunscriben a las pos-
trimerías de 1975, año en el que se publicaron álbumes clásicos del hard/
heavy rock, como *Physical Grafitti*, de Led Zeppelin; *A Night at the Opera*, de
Queen; *Wish You Were Here*, de Pink Floyd; *Caress of Steel*, de Rush; *Sabotage*,
de Black Sabbath; *High Voltage*, de AC/DC; *Welcome to my Nightmare*, de
Alice Cooper... Afortunadamente, en aquel entonces la industria musical, o
mejor dicho, el gran público, era capaz de absorber tanto derroche de talento, condicionando las fruslerías sonoras al circunspecto apartado de simple
anécdota. En los años setenta, al igual que antes en los cincuenta y en los
sesenta, cantidad y calidad iban de la mano.

También es cierto que en 1975 el punk –que rechazaría en vano un futuro que le sería favorable– se estaba gestando en Londres. Fue tan abrasador su inminente y virulento alcance que hasta algunos lumbreras quisieron ver en el retoño musical de Steve Harris la crudeza y el descaro del fugaz género. Risas, porque esa ocasional evaluación regiraría al bajista, que se defendió contenida pero palmariamente con declaraciones como «para cortarse el pelo bastan dos minutos, pero para hacerlo crecer hacen falta más de dos años» o la explícita «el punk es heavy metal mal tocado.»

Lo del maridaje con el género del que hicieron gala Sex Pistols y demás surgió de cierta carencia auditiva de algunos que mal entendieron la terrible producción del primer disco de la banda como propósito ubicado en la intersección del punk y el hard rock tradicional. En realidad, *Iron Maiden*, el álbum, acabaría imponiéndose como boceto fresco y directo de las pautas que tan sólo dos años después harían de Maiden una de las bandas definitivas del rock duro internacional.

Tras el más logrado *Killers* (1981), Iron Maiden fueron aceptados como miembros de la New Wave of British Heavy Metal, papel al que contribuyeron en mayor medida la ambición musical de Harris y la sagacidad empresarial de Rod Smallwood. Ambos llevaron a la banda a la conquista del mercado estadounidense, *ergo* mundial, en el que remataron su presencia con las obras maestras *The Number of the Beast* (1982), *Piece of Mind* (1983) y *Powerslave* (1984), cimientos de una dilatada carrera y una merecida leyenda forjada por temas clásicos como «22 Acacia Avenue», «Hallowed be thy Name», «Run to the Hills», «The Number of the Beast», «The Trooper», «2 Minutes to Midnight», «Aces High»...

Luego, una segunda vuelta de tuerca con dos títulos más osados, *Somewhere in Time* (1986) y *Seventh Son of a Seventh Son* (1988), en los que Harris daba rienda suelta a sus pretéritas aspiraciones de emular desde la calculada equidistancia a progresivos como Rush y Yes. Después, *No Prayer for the Dying* (1990) y *Fear of the Dark* (1992), preámbulo bicéfalo de la desértica travesía de años sin Smith, doce, y Dickinson, cinco, reemplazado este último por un inadecuado Blaze Bayley. Por contra, el substituto de Smith, Janick Gers, resultaría un acierto total, tanto que su contribución musical y carisma personal durante los años noventa llevarían al quinteto a sexteto.

Con el siglo XXI, llega la resurrección y definitiva consagración de la Doncella de Hierro. Etapa, esperemos que inconclusa durante mucho tiempo, que se inició con el revitalizante *Brave New World* (2000), al que siguieron trabajos en estudio que parte de la crítica se empeñaría en devaluar en favor de títulos pretéritos, por la asimilada convicción de que lo moderno es decadente y lo pasado legítimo. Modismo, no obstante, que no impide apreciar *Dance of Death* (2003), *A Matter of Life and Death* (2006), *The Final Frontier* (2010) y *The Book of Souls* (2015) como grabaciones vigorosas y que han servido para apuntalar a Iron Maiden como maestros del heavy rock.

Con el paso del tiempo, sometidos a una intensa actividad –más prudente e inteligente que en el pasado–, Iron Maiden se permiten, año tras año, innumerables y vastos baños de masas, tanto en sus propias giras como en diversos festivales *ad hoc*; lanzar cuidadas líneas de *merchandising*, que incluyen su propia marca de cerveza, The Trooper, y viajar en su propio Boeing 747, pilotado por el avezado y siempre inquieto Dickinson.

No está mal para los hijos de una clase obrera a la que los distintos gobiernos laboristas y conservadores británicos vienen doblegando desde 1970.

⚡

1. El nacimiento de la doncella de hierro

«Siempre hemos sido un grupo por y para la gente. Nunca hemos sido un producto de los medios. De hecho, nunca hemos intentado complacerlos.»

Bruce Dickinson

Waltham Forest es un pequeño distrito de algo más de un cuarto de millón de habitantes, perteneciente al ceremonioso condado denominado como Gran Londres, una de las principales regiones económicas de Europa desde su creación administrativa en 1965.

En particular, Waltham Forest es un buen ejemplo del acomodado proletariado inglés; un lugar con zonas residenciales de nivel medio, parques meticulosamente empavesados y zonas boscosas. Y fue en uno de sus barrios, Leytonstone, once kilómetros al noroeste de Charing Cross, donde el 12 de marzo de 1956 nació Stephen Percy Harris.

En los años cincuenta del pasado siglo, las calles de Leytonstone, cuyas edificaciones bien podrían hermanarse con algunos de los vecindarios de la clase trabajadora londinense mucho más conocidos internacionalmente, como Portobello o Camden Town, rebosaban de chavales que, al igual que Harris, soñaban con convertirse en futbolistas y emular las hazañas de ídolos como Jimmy Greaves, pletórico en sus años en el Chelsea y en el Tottenham Hotspur, o Ron Davis, a su paso por Southampton. De hecho, Harris llegaría a militar en los juveniles del West Ham, el histórico club de la Premier League que en la liga 1972-1973 tendría en sus filas al máximo goleador de la temporada, Pop Robson.

Pero mientras cursaba estudios en el Leyton County High School, un centro de secundaria para chicos, una lesión le encaminó a centrarse en su otra afición, la música, interesándose en un principio por la batería, en un intento por imitar al gran Keith Moon, el legendario y excéntrico miembro de los Who. No obstante, la percusión fue descartada por el práctico contratiempo de falta de espacio en casa. Así que, con quince años, Harris acabó comprando una imitación del Fender Telecaster que le costó cuarenta libras: «Mis influencias son muy conocidas: Wishbone Ash, The Who, los primeros Genesis, Jethro Tull y algunos más. Todas bandas increíbles. Tuve mucha suerte de crecer en una época en que la música alcanzó la excelencia».

Con ases de las cuatro cuerdas en mente como John Entwistle (Who), Martin Turner (Wishbone Ash), Rinus Gerritsen (Golden Earring) o Chris Squire (Yes), el despierto Harris adquiriría rápidamente la destreza suficiente como para entrar en su primera banda, Influence, que a finales de 1973 cambiarían de nombre por el de Gypsy's Kiss, de la que formaban parte los guitarras Dave Smith y Tim Wotsit, el batería Paul Sears (quien en 1977 haría las funciones de mánager de Iron Maiden) y el cantante Bob Verschoyle (en 2015 Verschoyle participaría en el álbum acústico homenaje a Iron Maiden *Remembrance*, interpretando el tema «Burning Ambition»).

Por aquel entonces, a las mañanas de Steve como basurero le sucedían las noches como miembro de los Gypsy's Kiss, con los que daría su primer concierto en el Saint Nicholas Church Centre, de la calle Aberfeldy en el barrio londinense de Poplar. Organizó el concierto Dave Beasly, conocido años después como Dave 'Lights', responsable de la iluminación en los conciertos de Iron Maiden y creador del Eddie escénico. Aquella actuación formaba parte de un concurso en el que los Gypsy's Kiss quedaron en segundo lugar, detrás de otra banda local llamada Flame. «Aquella fue la primera vez que vi a Steve –recordaría años después 'Lights'–. La siguiente vez que nos vimos, él estaba con su novia Lorraine, amiga de mi primera esposa, Kim. Yo me fui de casa a los quince años y vivía en una vicaría. Lorraine me preguntó si Steve podía ensayar allí con su nueva banda, Iron Maiden. Según fue pasando el tiempo me fui involucrando más con ellos y cuando empezaron a hacer sus primeras actuaciones me ofrecí para encargarme del equipo de iluminación, ya que entonces estaba metido en un curso de diseño de interiores e iluminación».

Iron Maiden en una actuación en el Cart & Horses en 1976.

Hasta bien entrado 1974, los Gypsy's Kiss darían algunas pocas actuaciones más, dos en el Cart & Horses y otras dos en el Bridge House de Canning Town, en el East End londinense, ofreciendo un repertorio formado por versiones de clásicos del hard rock como «Paranoid» (Black Sabbath), «All Right Now» (Free), «Smoke on the Water» (Deep Purple), «Blowin' Free» (Wishbone Ash) y «Southern Man» (Neil Young), además de dos temas propios, «Heat Crazed Voled» y «Endless Pit», este último origen del más tarde conocido como «Innocent Exile». Pero al contrario que Harris, los Gypsy's Kiss entendían la música como un entretenimiento: «Supongo que el resto perdieron el interés o algo así. Lo único que querían era 'probar'. Pero 'probar' no era suficiente para mí. Yo quería pasarlo bien con los conciertos y eso es lo que siempre he querido».

Los Gypsy's Kiss entendían la música como un entretenimiento.

Gypsy's Kiss se disolverían en el mes de noviembre de 1974, pero en febrero de 1975 Harris ya tenía otro grupo, Smiler, una formación influenciada por el blues que interpretaba su propio material y que estaba formada por los hermanos Mick y Tony Clee a las guitarras, y Dennis Wilcock como cantante, quien definiría el sonido de la banda como «blues a lo Lynyrd Skynyrd; ese tipo de cosas que los hermanos Clee tocaban tan brillantemente». Cerrando la formación estaba el batería Doug Sampson, decisivo en los posteriores Maiden: «Nunca me involucré en el proceso compositivo, sólo acompañaba a Steve cuando él tenía alguna idea –reconocería Sampson–. La única canción en la cual influí fue «Running Free», que nació mientras yo estaba tocando unos ritmos de glam rock, al estilo de Sweet».

El hecho de que Smiler compusieran sus propias canciones llevó a Harris a empezar a hacer lo propio y, de hecho, a esa época pertenecen temas como «Innocent Exile» (en una versión prácticamente definitiva, tras haber sido recuperada del repertorio de Gypsy's Kiss) y «Burning Ambition», ambos mucho más elaborados que el resto del cancionero de Smiler.

Los Reyes del East End

«Sólo una de cada diez bandas con contrato discográfico consigue el éxito suficiente para vivir de la música. Hay muchísima gente con talento en el mundo, pero el talento no diferencia. Lo único que diferencia es la determinación. El entusiasmo y la pasión funcionan muy bien en momentos concretos, pero sólo la determinación es capaz de superar los momentos de desánimo y tedio. Es la diferencia entre el éxito y el fracaso.»

Bruce Dickinson

El 25 de diciembre de 1975 nacieron Iron Maiden, formados por, además de Steve Harris, los guitarristas Dave Sullivan y Terry Rance, el batería Ron 'Rebel' Matthews (en los ochenta, miembro de las bandas de Bernie Tormé y John McCoy) y el cantante Paul Mario Day (más tarde miembro de More y Sweet). Para el llamativo nombre del grupo, Harris se inspiró en *El hombre de la máscara de hierro*, un clásico del cine de aventuras de finales de los años 1930, basado en la novela de Alejandro Du-
mas y protagonizado por el actor sudafrica-
no Louis Hayward y la actriz norteamerica-
na Joan Bennett. En una de las escenas del film aparecía una caja de tortura antropo-
mórfica, inspirada en la que realmente se ha-
bía construido en el siglo XIX con el fin de introducir en ella a los condenados que mo-
rían por las fatídicas heridas producidas por los numerosos hierros afilados que guardaba en su interior el artilugio de castigo.

Sin demasiadas dilaciones, el sábado 1 de mayo de 1976 el quinteto daría su primer concierto en el Saint Nicholas Hall de Poplar, presentando un *setlist* que ya incluía

La 'dama de hierro', una antigua caja de tortura en la que se introducían a los condenados.

piezas como «Prowler», «Transylvania», «Innocent Exile», «Burning Am-
bition» y «Iron Maiden». No fue un éxito desde ningún punto de vista, ni musical (el grupo estaba poco rodado), ni de público, ya que la actuación sólo fue presenciada por ocho personas, ni económico, pues el dueño del local les 'aflojó' cinco libras.

Lejos de amedrentarse, aquel prototipo de Iron Maiden apostó por curtir-
se en los escenarios. Ejemplos de su infatigable esperanza son las actuaciones
del 5 de noviembre de aquel mismo año, en la que usaron por primera vez
pequeñas explosiones y hielo seco como efecto de niebla, o la celebrada una
semana después, el día 13, como participantes de un concurso local celebrado en el Queens Theatre de Romford y en el que lograron el segundo
premio.

Pero para finales de año la actitud imprevisible y errática de Paul Day llevó al grupo a tener que prescindir de sus servicios y substituirlo por el viejo
conocido Dennis Wilcock, vocalmente menos dotado que Day pero con una
mayor presencia en el escenario, la cual incluía un número con una espada y
sangre falsa, en parte inspirado en la teatralidad de Kiss. Wilcock, a su vez,
resultaría involuntariamente determinante en el devenir de Iron Maiden,
puesto que fue quien le hablaría a Harris de Dave Murray (David Michael
Murray, 23 de diciembre de 1956, Edmonton, Londres). La idea de una
banda con tres guitarristas atrajo al bajista, aunque tardaría aún lustros en
verla hecha realidad. El propio Murray recordaría cómo entró en la banda:
«A Maiden llegué a través de Dennis Wilcock, que fue cantante de la banda
a mediados de los años setenta. Hicimos un ensayo y tocamos unas cuantas
canciones, «Strange World», «Invasion» y «Iron Maiden», entre otras. Se
produjo un momento mágico y me quedé en la banda.»

A lo largo de 1976 el grupo se labraría cierta reputación en el East End
londinense, a pesar de los cambios en su alineación, que a finales de año la
formaban Harris, Murray, Wilcock,
Matthews y el guitarrista Bob Sawyer, conocido también como 'Rob Angelo'. No obstante, la banda no tardaría en volver a tener
problemas, en esta ocasión provocados por
Wilcock, que resultó un individuo polémico
y manipulador. De esto último lo fue hasta
el extremo de llegar a convencer a Harris
para que despidiese a Murray, movido simplemente por la subjetiva apreciación de que
no simpatizaba con la novia del guitarrista.
El avieso Wilcock permanecería en los Maiden hasta comienzos de 1978 (de hecho, su
última actuación con el grupo fue la del 17
de febrero en el Bridgehouse de Canning

Cartel publicado por la banda a la
búsqueda de un batería.

Town), junto a Harris, los guitarristas Tony Moore y Terry Wapram y el fugaz batería Barry Graham 'Thunderstick' Purkis, éste último proveniente de Mr. Zero y que abandonaría la banda en la primavera de aquel mismo año para ingresar en Samson.

De la primera actuación que haría con Maiden, celebrada en el Bridge-house de Canning Town, Moore recordaría: «El concierto fue algo 'borro-so', como lo suelen ser todos los conciertos en directo. La adrenalina, los nervios, la concentración de todos influyeron para llegar a ese recuerdo difuminado. No obstante, es justo decir que todo el mundo sentía que había algo que no iba bien. Por lo que a mí respecta, creo que el concierto fue en plan *amateur* y mi aportación no ayudó especialmente a la banda. En muchos aspectos, no fue un buen concierto y durante las siguientes semanas nos provocó inquietud y cierta frustración. Recuerdo mi último ensayo con el grupo muy tenso. No importa lo mucho que me gustaba estar en el grupo, respeté el sueño de Steve, su pasión y energía, en los que yo no encajaba.»

Harris, libre por fin del caprichoso Wilcock, rearmó la banda, llamando para ello tanto a Doug como a Dave. Y como flamante nuevo cantante, y por mediación de Sampson, daría entrada a Paul Di'Anno (17 de mayo de 1958, Chingford, Londres), hasta entonces miembro de los Bird of Prey. En el libro *El sonido de la bestia*, editado en castellano por Redbook ediciones en su sello Ma Non Troppo, Ian Christie describía a Di'Anno: «Vestido con una camisa negra, un brazalete y un cinturón de púas plateadas, el cantante Paul Di'Anno, un skinhead reformado, dominaba la escena con una pose de Tom Jones, enrollándose en la mano el cable del micrófono y extendiendo el dedo meñique con una autoridad evidente.»

Por lo que respecta al puesto de segundo guitarra, éste iría variando a lo largo de los tres años siguientes, recayendo en músicos como Paul Todd, Tony Parsons y el más efímero Mad Mac; pero se hizo evidente que se consolidó una base estable, integrada por Harris-Di'Anno-Sampson-Murray, conjurados en dedicarse profesionalmente a la música. Un ejemplo de esto es que buena parte del dinero que ganaron en aquella época lo destinaron a la adquisición de un camión para transportar al equipo y a ellos mismos y al que bautizaron como la 'Diosa Verde'.

Primer logo de la banda.

En el estudio de grabación, toma 1

«Recuerdo caminar junto a Paul (Di'Anno) por la calle Wardour de Londres y ver a un montón de gente delante nuestro. Pensamos que debía tocar alguna banda importante aquella noche, pero nos dimos cuenta de que llevaban camisetas de Maiden. ¡Iban a vernos al Marquee!»

Doug Sampson

Llegados a 1978, Iron Maiden decidieron plasmar su efectividad en directo en una grabación. Para ello contrataron, por doscientas libras, el estudio Spaceward, fundado en el mes de julio de 1975 por Mike Kemp y Gary Lucas. La sala de grabación se encontraba en los bajos del número 34 de la calle Clarendon, mientras que la mesa de grabación estaba situada en los bajos del número 19 de la calle Victoria. La elección de estos estudios se basó en la calidad de una demo grabada por los V1, grupo en el que por entonces militaban Dennis Wilcock y Terry Wapram.

A bordo de una vieja furgoneta Transit, sin seguro y con neumáticos desgastados, el grupo se dispuso a efectuar una única sesión, producida por Mike Kemp, poco después productor de artistas como Gary Numan y Stranglers, y mezclada posteriormente por Gary Lucas. En la nevada y fría Nochevieja de 1978, única fecha que tenía libre el estudio a un precio ajustado a la economía del grupo, Iron Maiden grabaron, por doscientas libras, cuatro temas: «Prowler», «Invasion», «Strange World» y «Iron Maiden». Maiden pagarían su inexperiencia en el negocio musical, puesto que apalabraron la recogida del máster de la grabación para una semana después, al no disponer de las cincuenta libras que por añadido costaba su adquisición. Cuando al cabo de ese tiempo volvieron al estudio para recogerlo, se dieron cuenta que las pistas de «Strange World» habían sido borradas.

Esto según la versión del grupo. Mike Kemp, por el contrario, declararía años después: «Hubo algunos comentarios maliciosos respecto a que Iron Maiden regresaron para recuperar las grabaciones semanas después de la sesión, debido a que no habían podido pagarlas y que por ello el estudio las había borrado. Mi versión de los hechos no se ha escuchado. La realidad es que por cinco libras a la semana las guardábamos hasta que las bandas pagaban lo pendiente o decidían desentenderse tras las mezclas. Probablemente, ellos no asumieron ninguna de esas opciones.»

Sea como fuere, el EP con los tres temas resultantes –«Iron Maiden», «Invasion» y «Prowler»– se vendería en las actuaciones que el gupo llevaría a cabo durante el segundo semestre de 1979, siguiendo el planteamiento de Rod Smallwood. Sin embargo, a comienzos de año el representante aún no se había cruzado en el camino de los Maiden, por lo que Harris y el resto decidieron entregarle una copia, en formato cassette, a Neal Kay, el DJ residente de The Bandwagon, un pub situado en Kingsbury Circle, próximo a la estación de metro de Kingsway, al noroeste de Londres: «En 1978 el punk era la música que predominaba, pero desde 1975 yo había levantado una pequeña sala de heavy metal en Kingsbury –recordaría Kay. Antes era un pub llamado Prince of Wales, pero la rebauticé con el nombre de The Heavy Metal Soundhouse. En la sala principal cabían unas setecientas personas y tenía un potente equipo de sonido.»

En un principio, Kay se sacó de encima a Harris sin demasiados miramientos (años después se disculparía sinceramente por su condescendencia), aunque, una vez hubo escuchado el material que éste le entregó, se volvió un entusiasta del grupo pinchando constantemente «Prowler» en el Bandwagon: «A principios de enero de 1979 se me acercó un chaval y me entregó una maqueta. Me dijo: Hazme un favor, llévatela a casa y escúchala, ¿vale? Le respondí: Oh, sí, la tuya y cinco millones más. Pero al llegar a casa la escuché y era electrizante. A años luz de cualquier cosa que hubiera escuchado antes. A la noche siguiente la pinché en el Soundhouse y fue una locura.»

Poco a poco los astros comenzaron a alinearse en favor de la banda. Por un lado, Ashley Goodall, representante de EMI, los vió en la actuación que ofrecieron el 10 de marzo de 1979 en el pub Swan de Hammersmith: «Parecían estar más unidos que cualquier otra banda de heavy metal que hubiese visto. Estaban mejor organizados, tenían un nutrido grupo de seguidores, una grabación, camisetas, una identidad… todo parecía estar en su sitio.»

Con Bandwagon como epicentro de su actividad, la popularidad de los Maiden comenzó a propagarse por todo Londres. Mick Parker, el encargado de Music Machine de Camden Town, telefoneó a Neal Kay para saber si podía organizar en su sala un concierto con algunas de las bandas más conocidas del público asistente a The Bandwagon. Con el beneplácito de Kay, el 8 de mayo Music Machine, con capacidad para mil cuatrocientas personas, acogió el primer concierto de la mini-gira The Heavy Metal Crusade, integrada por Samson, Angel Witch y Iron Maiden. Como miembro de Samson, Bruce Dickinson pudo comprobar ya entonces el despunte de la que iba a ser su futura y definitiva banda: «Me resultó evidente que estaban tres pueblos más allá del resto de bandas del cartel. Se me puso la piel de gallina al verlos, la misma sensación que tuve cuando de chaval escuché por primera vez "In Rock" de Deep Purple. Recuerdo que pensé: Joder, ¡Son los Purple de los años ochenta!»

La New Wave of British Heavy Metal

«Iron Maiden parecían tocar diez veces más notas que cualquiera y su deslumbrante enfoque compositivo elevó el nivel musical del heavy metal durante varias décadas.»
Ian Christie, *El sonido de la bestia*

«A algunos grupos la Nueva ola del heavy metal británico les vino de perlas; por ejemplo, sirvió para aupar a Iron Maiden a la estratosfera.»
Ian 'Lemmy' Kilmister, *Lemmy, la autobiografía*

La New Wave of British Heavy Metal (NWOBHM, en castellano Nueva ola del heavy metal británico) apareció en Gran Bretaña a finales de la segunda mitad de los años setenta, teniendo como epicentro la mítica sala The Bandwagon, un pub de Kingsbury que, como ya se ha dicho, en 1975 reorientó su oferta musical declarándose «la única discoteca de heavy rock de Londres», atrayendo de esta manera a seguidores de Black Sabbath, Led Zeppelin, Rush o Thin Lizzy, en unos tiempos en los que el rock duro estaba en declive por el desinterés de las compañías discográficas, volcadas en el fenómeno musical del momento, el punk.

Como reducto del rock, The Bandwagon, a instancias de su DJ Neal Kay, apostó por grupos noveles, acogiendo así las primeras actuaciones de Samson, Angel Witch, Praying Mantis, Saxon, Motörhead y, por supuesto, Iron Maiden.

La exitosa programación de Bandwagon llamó la atención de Geoff Barton, editor de la revista *Sounds* (más tarde también lo sería de *Kerrang!*), quien seguía de cerca a todas aquellas bandas noveles para las que acuñó el término 'New Wave of British Heavy Metal', el cual apareció impreso en el número del mes de mayo de 1979. Nueve meses después se publicaba el doble álbum *Metal for Muthas*, grabación colectiva que el sello Sanctuary Records encargó a Neal Kay y en la que participaron grupos que habían actuado previamente en Bandwagon. Iron Maiden, a la postre cabecillas de la NWOBHM, fueron los únicos que colaron dos temas en el doble vinilo, «Sanctuary» y «Wrathchild».

De la mano de Iron Maiden, 1980 sería el primer año de la New Wave of British Heavy Metal, tal y como Ian Christie lo recordaba en *El sonido de la bestia*: «En febrero de 1980, Iron Maiden interpretaron "Running Free" en directo en Top of the Pops; más tarde, en mayo, lanzaron el álbum *Iron Maiden*. El heavy metal británico ya estaba listo para su máximo momento de audiencia y apareció una inundación de álbumes simultáneos.»

Discos del calibre de *British Steel*, de Judas Priest; *Lightning to the Nations*, de Diamond Head; *Back in Black*, de AC/DC; *Ace of Spades*, de Motörhead; *Wheels of Steel* y *Strong Arm of the Law*, de Saxon; *Heaven and Hell*, de Black Sabbath, despuntaron al mismo tiempo que desde todos los rincones de Gran Bretaña surgían nuevas promesas, como Holocaust, de Edimburgo, o Witchfinder, de Stourbridge, si bien sólo algunas, como Venom, de Newcastle, o Def Leppard, de Sheffield, conseguirían convertirse en grandes nombres.

Iron Maiden en el Bandwagon en 1979.

Rod Smallwood entra en escena

«Es una buena persona, pero no aguanta mucho a los tontos. ¡Así que no sé cómo ha aguantado a la banda tantos años! Necesitas tener a alguien que coja a la gente de las pelotas y les de un par de guantazos. Pero no le prestes un centavo, porque no sólo no te lo devolverá, sino que, además, terminarás pagándole una comisión.»

Nicko McBrain

Hacia el mes de junio de 1979, Goodall tenía claro que quería fichar a Iron Maiden para EMI, a pesar de que la discográfica no estaba interesada en contratar a bandas de heavy metal. Al mismo tiempo, por entonces, el grupo sabía que debía hacerse con los servicios de un representante que les diese el espaldarazo definitivo. Así que enviaron otra copia de su *The Soundhouse Tapes* a Rod Smallwood (Roderick Charles Smallwood, 17 de febrero de 1950, Huddersfield, Inglaterra), un antiguo estudiante de Arquitectura que había representado a Steve Harley & Cockney Rebel y que, avizor de las posibilidades del grupo dentro de la convulsiva escena musical británica de aquella época, les organizó un par de conciertos con la intención de evaluarlos.

Las dos fechas escogidas se sucederían en el Windsor Castle de Harrow Road y en el Swan de Hammersmith. La primera, inicialmente prevista para el 9 de julio, no llegó a producirse debido al escaso número de público, mientras que en la segunda, celebrada el 12 de julio, Harris tuvo que encargarse de las labores de cantante durante casi todo el concierto, hasta que, hacia el final del mismo, Di'Anno subió al escenario tras haber sido arrestado por la policía por llevar un cuchillo de dimensiones considerables. A pesar de estos contratiempos, Smallwood aceptó representarlos: «Estaba muy impresionado – recordaría el representante. Nunca había visto a una banda que miraba al público directamente a los ojos y, obviamente, eso les gustaba. Me pareció evidente en aquella primera impresión que era una banda que podía tener futuro. Tenían predisposición, integridad, vitalidad y carisma sobre el escenario y Steve y Davey resultaban muy potentes. Creo que fue su honestidad lo que más me impresionó. Eran auténticos.»

Una de las primeras decisiones de Smallwood fue que la banda debía vender en los conciertos *The Soundhouse Tapes*, y así se distribuyeron dos mil de las cinco mil copias, mientras que las tres mil restantes se despacharon por correo en tan sólo una semana. Editadas a través del sello creado expresamente por el grupo, Rock Hard Records, a partir del 9 de noviembre *The Soundhouse Tapes* sería devorado por todos los jóvenes rockeros de clase trabajadora de Londres.

Maiden también consiguieron por aquel entonces cuatro logros decisivos con los que ampliaron sus horizontes: uno fue la entrevista que les hizo la revista musical *Sounds*, publicada a finales de 1979, poco después de su primera actuación, el viernes 19 de octubre, que fue su segundo logro: en el club Marquee y de la cual el programa de televisión *20th Century Box* dio testimonio. El tercero sería su intervención en el programa *Friday Rock Show* de la emisora Radio 1, filial de la BBC, el 14 de noviembre (recogida en 2002 en el álbum *BBC Archives*); en esa ocasión interpretaron los temas «Iron Maiden», «Sanctuary», «Transylvania» y «Running Free». El cuarto fue la visita que les harían John Darnley y Brian Shepherd, ejecutivos de EMI, a petición de Smallwood, tras el citado concierto en la sala Marquee. A la velada también asistieron representantes de Chrysalis, pero Smallwood prefirió decantarse por EMI. De hecho, Smallwood no se convertiría oficialmente en mánager de la banda hasta que ésta no firmó su contrato discográfico con EMI, el 15 de diciembre de 1979, y el editorial con Zomba.

Iron Maiden en el Marquee en 1980.

En las negociaciones con EMI, Smallwood insistió en que la vinculación del quinteto con el sello debería ser por tres discos. Por su parte, la discográfica propuso lanzar como primer single «Running free» antes de las Navidades de aquel año, iniciativa que finalmente se pospondría, además de incluir a Maiden en la ya citada compilación *Metal for Muthas*, de la cual llegarían a venderse veinte mil copias, cifra nada desdeñable para un proyecto que tan sólo incluía artistas noveles.

Aún con todas estas buenas noticias, Sampson no estaba satisfecho. De hecho, se sentía física y mentalmente cansado de las incomodidades de la carretera, que empezaron a pasarle factura. Así que, antes de que ello perjudicase al resto de Maiden, optó por abandonar: «Mi salud no aguantaba el ritmo de las giras y al final fue tiempo de dejarlo todo de lado.» Tras dejar Iron Maiden, Sampson tocaría junto a Tony Parsons, también ex de Maiden, y el hermano de éste, en una banda llamada Pressgang.

De cara al definitivo paso al profesionalismo, y en substitución del citado Parsons, el grupo fichó a Dennis Stratton (aunque ya en aquel entonces se barajó el nombre de Adrian Smith), un guitarrista de Canning Town de veintisiete años con un buen nivel y que había sido miembro de Remus Down Boulevard, banda de boogie rock que había teloneado a Rory Gallagher y a Status Quo. El estilo de Stratton se ajustó a las exigencias musicales sin problemas, si bien cómo entró en Iron Maiden resulta peculiar: «Mi mujer de entonces vio un anuncio en Melody Maker que decía: Iron Maiden, artistas de EMI, buscan guitarrista/coros. Estuvimos dándole vueltas a si responder por escrito o telefoneárles. Tenía un trabajo de pintor en Stratford y cogí el autobús en Stratford Broadway para ir a Canning Town, donde vivía. Una chica se me acercó y me preguntó: ¿Eres Dennis Stratton?, y le dije que sí. Ah, hola. Soy Lorraine, la novia de Steve Harris. ¿Aún no ha llegado a casa? Pues cuando llegues tienes un telegrama de Rod Smallwood para que lo llames, porque están interesados en que te unas a Iron Maiden.» Stratton estaba desconcertado, ya que no conocía ni a Harris ni a nadie del grupo, aunque Lorraine le confesó que el bajista lo había visto actuar con su banda en varias ocasiones.

Al día siguiente, Stratton se encontró con Harris, Murray y Smallwood en un pub de la calle Wardour cercano a la sala Marquee. El representante fue directo al grano: «Steve te quiere en la banda. No sé si tendrás algún problema en aprenderte el material.» El grupo también quería a alguien con cierta experiencia sobre el escenario, preveyendo que tras la grabación de su primer disco tendrían que lanzarse a la carretera en su primera gira profesional.

Stratton aceptó la propuesta y, tras preparar el repertorio acordado, acudió a la audición en el local que los Maiden tenían en los Hollywood Studios, situados en Clapham, próximos a donde Murray vivía en aquel entonces con su madre. Stratton recordaría cómo salió airoso de la prueba: «Me dijeron: Es exactamente lo que estábamos buscando. Estás dentro.»

De aquellos primeros días en Maiden, Stratton recordaría décadas después: «Las canciones ya estaban escritas cuando yo entré. Lo único que hice fue añadir algunos arreglos de guitarra y en la armonía de las canciones.» Stratton y Murray conectaron de tal manera que fundieron sus guitarras en un sonido identificativo: «Dave y yo escuchábamos bandas como Wishbone Ash, con guitarras armónicas. En canciones como "Phantom of the Opera" y "Running Free" el trabajo de armonía de las guitarras hace que sean más interesantes.»

Además, Stratton mediaría para que el puesto vacante de batería fuese ocupado por Clive Burr, aunque también se le llegó a proponer a Johnny Richardson, quien, a pesar de ser buen instrumentista, declinó la oferta debido a un problema de audición. Stratton, que solía coincidir con Burr en el pub Fleece, de Wanstead Flats, mencionó su nombre a los Maiden.

Burr provenía de Samson, grupo formado en 1977 por el guitarrista Paul Samson, a los que había abandonado a finales de 1978, poco antes de la grabación del primer disco de la formación, *Survivors*, publicado en junio de 1979 y en el que habían participado un viejo conocido, Barry Graham 'Thunderstick' Purkis, y un desconocido de trascendental importancia en el devenir de Maiden, Bruce Bruce, más conocido después como Bruce Dickinson.

⚡

2. El origen de la leyenda

«Antes de 1979, Iron Maiden no eran una banda, eran un hobby.»
Rod Smallwood

Poco antes de encarar la grabación de su primer disco, Iron Maiden participarían en el proyecto coordinado por Ashley Goodall *Metal for Muthas*, que implicaría el lanzamiento a través de EMI de un disco con nueve bandas noveles y una gira de promoción histórica.

Publicado en el mes de febrero de 1980, el primero de los dos volúmenes que se publicarían de *Metal for Muthas* reunía canciones interpretadas por algunas de las bandas más conocidas de la incipiente New Wave of British Heavy Metal, como Praying Mantis, Angel Witch, Samson, Sledgehammer o los propios Iron Maiden, además de otras que caerían en el olvido, como los suecos E. F. Band (quienes a comienzos de los años 1980 llegarían a telonear a Rainbow y Saxon), Ethel the Frog (nombre inspirado en un *sketch* de los Monty Python titulado *Los Hermanos Piraña* y formación efímera que en 1978 lograría cierta repercusión con una versión metálica del clásico de los Beatles «Eleanor Rigby»), Toad the Wet Sprocket (originarios de Bedford, Inglaterra –no confundir con la banda norteamericana de rock alternativo–, quienes al igual que los Ethel the Frog se inspiraron para su nombre en los Monty Python) y Nutz (cuarteto de hard rock de Liverpool que se disolvería en 1981, tras publicar cuatro álbumes y telonear a Black Sabbath, para convertirse en Rage –no confundir con la banda alemana de igual nombre–, una nueva reencarnación que se disolvería en 1984).

Pero en *Metal for Muthas*, recopilatorio que llegaría al número 12 de las listas de álbumes británicas, destacaban Iron Maiden, la única formación que incluiría dos temas, «Sanctuary» y «Wrathchild», ambos producidos en el mes de noviembre de 1979 por Neil Harrison (que en el pasado había trabajado para artistas pop como Steve Harley, Gonzalez o Bijelo Dugme) en los estudios de EMI de Manchester Square y con

Metal for Muthas, uno de los álbumes recopilatorios del heavy metal.

Dave Flower y Ron Hill, respectivamente, como ingenieros de cada tema (ambos también avezados en colaborar con artistas de pop rock).

Entrada para uno de los conciertos de la gira de *Metal for Muthas*.

La participación de Maiden en la ya citada gira de promoción del disco se desarrollaría entre el 1 de febrero y el 2 de marzo de 1980; un total de veintinueve conciertos que recorrerían Escocia, Gales e Inglaterra y en los que participarían hasta un total de veinticinco bandas, entre las que se encontraban Angel Witch, Diamond Head, Magnum, Motörhead, Raven, Samson, Saxon y los Urchin de Adrian Smith, siendo Praying Mantis quienes compartirían escenario con Iron Maiden y las cincuenta y dos plazas del autobús en el que Harris y compañía se desplazarían de sala en sala.

○ ○ ○

A lo largo de trece días del mes de enero de 1980 Iron Maiden grabaron su primer disco en los estudios Kingsway de Londres (también conocidos como estudios De Lane Lea y en los que habían grabado artistas como Rolling Stones, Beatles o Animals en los años sesenta). Las mezclas se llevaron a cabo el mes siguiente en los reputados estudios Morgan, situados en High Road, Willesden (al noroeste de la capital del Támesis), por los que habían pasado artistas de la talla de Ten Years After, Yes, Kinks, Led Zeppelin, Pink Floyd, Jethro Tull, Black Sabbath o UFO en las dos décadas anteriores.

Antes de entrar en los Kingsway, la banda había contactado en diciembre de 1979 con dos productores, Guy Edwards, que fue rechazado por el irregular resultado de cuatro canciones que habían grabado con él, y Andy Scott, guitarrista de los Sweet, que fue apartado del proyecto por su insistencia en que Harris usase una púa para tocar (curiosamente, en 1985 Scott reformaría a los Sweet contando como cantante con el ex Maiden Paul Mario Day).

Will Malone sería el productor finalmente escogido y el quinteto, en un principio, se mostró confiado en éste por sus anteriores trabajos como productor, arreglista y técnico para Black Sabbath, Rick Wakeman y Meat Loaf (después de hacerlo para Iron Maiden, Malone llegaría a trabajar para Massive Attack, The Verve y Depeche Mode, entre otros). Sin embargo, tal y como recordaría Steve Harris, no tardaron en percatarse de que contratarlo no había sido una idea tan acertada: «Estábamos en el estudio y después de hacer una toma le preguntábamos: ¿Qué te ha parecido, Will? Y él, con los putos pies encima de la mesa de grabación, mientras leía *Country Life* o cualquier otra cosa, con la cabeza en las nubes, nos miraba y decía: Bah, creo que lo podéis hacer mejor.» En defensa de la mala elección, años después Harris lamentaría: «Éramos jóvenes e inocentes y no sabíamos nada sobre productores, ni lo qué podían o no podían hacer.»

Lustros después, cuando la banda ya se había afianzado a nivel internacional, la revista *Billboard* revisó su 'opera prima', describiéndola como la mejor forma de «escuchar tanto punk como rock progresivo de la Nueva ola del heavy metal británico.» Pero Dickinson declararía: «Si nos fijamos en todas las entrevistas antiguas, Steve odiaba el punk. El primer álbum de Iron Maiden sonaba punk porque sonaba como un saco de mierda. Él odia ese disco.»

Resulta evidente que la grabación podría haber sido mucho mejor desde el punto de vista de la producción, aunque al menos la banda tuvo de su parte al ingeniero Martin Levan que, por ejemplo, supo canalizar la rudeza vocal de Di'Anno, peculiaridad, no obstante, de la que desde siempre han disfrutado algunos de los fans más incondicionales de Maiden. Levan también supo distinguir las influencias melódicas de Stratton, que evocan a Wishbone Ash, en cuanto a las armonías de las guitarras, y a Queen, por los coros en «Phantom of the Opera» («Eso suena jodidamente a Queen», diría Smallwood tras escuchar la grabación en el estudio). Steve Harris admitiría que la canción era «indicativa de adónde yo quería llevar a la banda y, mirando atrás, la veo como un punto de partida en la dirección de nuestra música.»

La armonía era un recurso de Stratton que marcó el primer álbum de Iron Maiden, tal y como él mismo recordaría: «Cuando me uní a Maiden, las guitarras no hacían muchas armonías, pero como yo estaba obsesionado con ellas, las fui incluyendo. Me sentaba en el estudio y las hacía, dando forma a "Running Free" y "Phantom of the Opera", para las que hice un montón. En el primer disco de Iron Maiden, el ingeniero me tenía todo el día y toda la noche haciendo armonías.»

Sin embargo, esa misma vertiente melódica de Stratton sería la que acabaría apartándole del grupo a finales de aquel mismo año, tras el concierto del 13 de octubre de 1980 en Drammen, Noruega. Entonces, Harris 'invitó' a Stratton a dejar el grupo al considerar que su estilo no acababa de ajustarse al proyecto musical, aunque también influyó la actitud distante mostrada en ocasiones por el guitarrista, como el preferir viajar con los *roadies* de Kiss en lugar de con sus camaradas durante los conciertos de la gira europea que abrieron para el cuarteto neoyorquino o la hosquedad que mostraba tras tomarse unas cuantas cervezas. Según Stratton, «siempre supe que Iron Maiden iba a ser una gran banda, pero hacia el final, cuando el primer álbum fue publicado y estábamos trabajando en el segundo, hubo muchos choques personales y tampoco tuve mucha conexión con Rod Smallwood.»

Harris y el resto del grupo tuvieron que apresurarse para buscarle un substituto. Para el bajista «encontrar uno que encajase con Davey era realmente complicado», pero cinco semanas más tarde, en el concierto celebrado el 21 de noviembre en la Universidad Brunel de Uxbridge, al oeste de Londres, Adrian Smith fue presentado como nuevo miembro (también se tuvo en consideración a Phil Collen, de los Girl, que a mediados del mes de julio de 1982 substituiría a Pete Willis en Def Leppard).

Smith era amigo de la adolescencia de Murray y, como ya se ha dicho, miembro de Urchin, banda que precisamente Murray y Smith habían formado en 1972. Dos años después, Murray abandonaría el proyecto para unirse fugazmente a los punk Secret, mientras que Smith continuaría junto al guitarrista Maurice Coyne, el batería Barry Tyler y el cantante David Hall formando Evil Ways, quienes en el mes de agosto de 1976, tras fichar por el sello DJM Records, recuperarían su nombre original. Con Urchin, Smith publicaría un par de singles, «Black Leather Fantasy», que vería la luz el 13 de mayo de 1977, y «She's a Roller». Casualmente, la época en la que Urchin se disponían a entrar en el estudio para grabar este segundo single, a principios de 1978, coincidió con el fugaz regreso a la formación de Murray, en substitución de Coyne, ya que había sido expulsado de Maiden por las ya relatadas artimañas de Dennis Wilcock.

Pero la invasión punk arruinó las expectativas de Urchin, que decidieron separarse. Smith y el guitarrista Andy Barnett, que había formado parte de la última alineación de Urchin, decidieron formar a comienzos de 1980 The Broadway Brats, que funcionarían hasta que Smith fue reclamado por Maiden. La oferta le llegó en un momento crucial: «Recuerdo ir caminando por la calle porque no tenía dinero para el autobús y sintiéndome realmente muy mal. Creo que hasta incluso llovía; el completo cliché deprimente». Y, entonces, se cruzó con Harris y Murray. «Fue cosa del destino», sentenciaría después Smith.

Stratton, por su parte, formaría Lionheart, junto al cantante Jess Cox (ex Tygers of Pang Tang), el guitarrista Steve Mann (ex Liar), el bajista Rocky Newton (ex Next Band) y el batería Frank Noon (ex Def Leppard). Posteriormente, Stratton entraría en Praying Mantis y ya a mediados de los años noventa se uniría puntualmente a Paul Di'Anno, con el que publicaría tres álbumes: *The Original Iron Men* (1995), *The Original Iron Men 2* (1996) y *Hard As Iron* (1996), discos en los que participaron puntualmente músicos de la talla de 'Fast' Eddie Clarke, Paul Samson, Neil Murray o Don Airey.

● ● ●

Iron Maiden, cuya cubierta diseñada por Derek Riggs presentaba al icónico Eddie the Head, fue un bombazo que hizo temblar las calles de los distritos obreros de Gran Bretaña. La revista *Sounds*, descaradamente incondicional del grupo, dijo de él: «El heavy metal de los años ochenta tenía una velocidad tan cegadora y una ferocidad tan desenfrenada que hacían que el heavy rock de los sesenta y setenta pareciese, en comparación, música de velatorio.»

Riggs se inspiró para el tenebroso Eddie en la fotografía denominada 'Calavera en el tanque', que había sido tomada por el fotógrafo neoyorquino Ralph Morse tras la Batalla de Guadalcanal, la mayor ofensiva que las tropas americanas lanzaron contra el ejército japonés durante la Segunda Guerra Mundial, entre el 7

El disco *Iron Maiden* con el icónico Eddie the Head en portada.

de agosto de 1942 y el 9 de febrero de 1943. La contienda se cobró mil setecientos muertos estadounidenses y veinticinco mil japoneses. La imagen
precisamente mostraba el cráneo corrompido de un soldado nipón y apareció por primera vez en el número del 1 de febrero de 1943 de la revista *Life*,
con un pie de página que rezaba: «El cráneo de un soldado japonés sobre un
tanque nipón quemado por las tropas norteamericanas. El fuego destruyó el
resto del cadáver.»

Fotografía de un soldado nipón muerto en Guadalcanal en
la que se inspiro Derek Riggs para crear a Eddie the Head
en 1980.

○ ○ ○

Iron Maiden incluía «Charlotte the Harlot», un tema con música de Murray
y letra de Di'Anno que se inspiraba en una prostituta de 45 años conocida
en la vida real con el nombre de guerra de 'High Hill Lil', según el propio
Di'Anno «una leyenda en Walthamstow» que había vivido en Acacia Avenue, ubicación que inspiraría uno de los temas más emblemáticos del álbum
The Number of the Beast, pero que a finales de los años setenta y principios
de los ochenta lo hacía en Markhouse Road, cerca de donde vivía Di'Anno.

'Charlotte' también daría pie a otros dos temas más en el cancionero de Maiden, «Hooks in You», compuesta por Dickinson y Smith, del álbum *No Prayer for the Dying*, y «From Here to Eternity», compuesta por Harris, de *Fear of the Dark*.

También está inspirada en hechos reales «Running Free», tal y como revelaría Di'Anno: «Habla de mí cuando era un chaval, cuando mi madre me decía: Vives en un barrio de mierda, pero haz lo que debas, siempre y cuando no hagas daño a nadie. Pero me metí en problemas con la ley algunas veces, cosas que ojalá no hubiese hecho.»

«Running Free», precisamente, sería el primer sencillo de Iron Maiden, publicado el 8 de febrero con «Burning ambition» en su cara B, mientras que el álbum *Iron Maiden* vería la luz el 14 de abril de 1980, coincidiendo con las primeras fechas del *Iron Maiden Tour*, que llevaría al quinteto a recorrer Gran Bretaña y Europa desde el 1 de abril hasta el 21 de diciembre de aquel mismo año (once meses después, el 11 de marzo de 1981, sería Disco de Plata en Gran Bretaña, consiguiendo el Disco de Oro el 15 de marzo de 1985 y justo diez años después el de Platino).

La gira auparía a Iron Maiden hasta los primeros puestos de las listas de éxitos británicas, una gesta que nadie se esperaba, tal y como confesaría Harris: «Al principio, el plan era tan sólo conseguir un contrato y hacer una gira, nada de pensar en conquistar el mundo. Llegar al número cuatro en las listas iba más allá de nuestras expectativas». Aquellos primeros ciento un conciertos como profesionales contaron con el apoyo de un segundo single, «Sanctuary» (cuya cara B incluía una toma en directo de «Drifter», grabada en el Marquee de Londres el 3 de abril), publicado el 23 de mayo, así como la del primer videoclip de la banda, «Women in Uniform», convertido al mismo tiempo en el tercer single con «Invasion» en su cara B, que tras ver la luz el 27 de octubre llegaría al número 35 de las listas británicas. El tema, que la banda grabó bajo la producción de Tony Platt en los estudios Battery de Willesden, era una versión propuesta por Stratton, perteneciente al álbum *Guilty until Proven Insane*, publicado en 1978 por los australianos Skyhooks.

La promoción de *Iron Maiden* incluyó una aparición en el popular programa musical de televisión *Top of the Pops*, el 22 de febrero, en una emisión presentada por Peter Powell en la que también intervendrían Shakin' Stevens, Blondie, The Beat, The Tourists, Fem Kinney, Cliff Richard, Ramones y Kenny Rogers.

Hubo cierto escepticismo tanto por parte de la banda como por la de Rod Smallwood cuando EMI medió para aparecer en este programa, pues los grupos de heavy metal no solían trabajar sobre la idea de promocionar singles. Pero rechazar la oferta implicaba a su vez entrar en la lista negra de los responsables del espacio musical más importante de la televisión británica, que estaban dándole la inédita oportunidad a una banda que recién acababa de lanzar su primer sencillo. Aún así, Smallwood quiso rizar el rizo y aceptó la proposición siempre y cuando Iron Maiden interpretasen en directo «Running Free», lo que significaba romper con el uso del *playback* que el programa llevaba imponiendo a los artistas desde 1974, cuando los Who hicieron una aparición en vivo: «Habíamos hablado antes con nuestro sello, EMI, para decirles que no haríamos Top of the Pops si no era en directo –recordaría años después Rod Smallwood–, después de todo, éramos una banda de heavy metal, no un invento pop. Nadie, desde los Who en 1974, había actuado en directo, pero estábamos unidos: Si no hay directo, no hay Maiden.»

La dirección del TOTP aceptó a regañadientes el directo, pero los técnicos del espacio televisivo se mostraron muy estrictos con el volumen con el cual debía tocar la banda, midiendo los decibelios y amenazando con cortar el sonido si se sobrepasaban los límites. Dennis Stratton recordaría: «Fue bastante divertido, porque tuvimos que tocar con un volumen bajo. Los amplificadores estaban muy bajos y la batería era inaudible. La idea era que si había mucho volumen no habría acoples en los micrófonos. Fue muy divertido porque no creo que, a pesar de todo, los de Top of the Pops esperasen una actuación tan contundente. Todavia lo recuerdo. Fue una actuación estupenda.»

Gracias a esa aparición en el TOTP «Running Free» permanecería cinco semanas en listas, alcanzando el puesto 36 el 8 de marzo de 1980.

Imagen del grupo en 1980.

● ● ●

Las cosas comenzaron a ir tan bien para Iron Maiden que hasta hubo un tímido tanteo al mercado japonés, pues los siete conciertos celebrados los días
3, 4, 5, 8, 9, 11 y 12 de julio en el Marquee de Londres se aprovecharon –
además de para que la cadena de televisión ITV filmase durante los días 3, 4

y 5 un especial para su programa *20th Cen-*
tury Box, emitido el 17 de agosto bajo el título de *New Wave Metal*– para grabar el EP
Live!!+One, producido por Doug Hall y
lanzado en el mes de noviembre de 1980 en
Japón. Extraídos de la actuación del día 4,
el vinilo incluía los temas «Sanctuary»,
«Phantom of the Opera», «Drifter» y
«Women in Uniform». Cuatro años después, en 1984, *Live!!+One* se reeditaría también en exclusiva para los fans griegos, incluyendo en esa ocasión cinco temas más,
«Innocent Exile», «Running Free», «Re-

El EP *Maiden Japan* grabado en
Nagoya el 23 de mayo de 1981.

member Tomorrow» (estas tres recuperadas del EP *Maiden Japan*),
«Prowler» (extraída del álbum *Iron Maiden*), y la versión de Montrose «I've
Got the Fire» (perteneciente a los citados conciertos de julio de 1980 en el
Marquee).

Poco después de ser escogidos como la cuarta mejor banda de 1979 por los
lectores de la revista *Sounds*, finalmente *Iron Maiden*, cuya edición americana
incluiría el tema «Sanctuary», se haría con el puesto número 4 de las listas
de álbumes británicas la semana del 20 al 26 de abril de 1980, tan sólo por
detrás de *Greatest Hits* de Rose Royce, *Duke* de Genesis y *12 Gold Bars* de
Status Quo, y convirtiéndose en Disco de Plata.

La polémica también jugó en favor de la promoción de la banda a raíz de
la publicación del single «Sanctuary», pues su portada –dibujada por Derek
Riggs– mostraba a Eddie después de apuñalar a Margaret Thatcher. La portada creó tal revuelo que sería censurada por la propia banda, aunque el veto
se limitó a ocultar parcialmente el rostro de la Primer Ministro. En realidad,
fue una decisión pragmática tomada poco después de que dos miembros del
Parlamento británico hubiesen sido víctimas de escaramuzas violentas: el
conservador lord Home, que había sido Primer Ministro entre 1963 y 1964,
fue atacado por un grupo de skins en la estación de metro de Picadilly, mientras que lord Chalfont, del Partido Laborista, lo fue por un limpiabotas en
el barrio de Chelsea. No obstante, en su edición del 20 de mayo el diario

sensacionalista *Daily Mirror* reprodujo la portada sin censura bajo el titular 'La Primer Ministro Margaret Thatcher ha sido asesinada en la portada de un disco de una banda de rock'. Un portavoz del gobierno Thatcher, haciendo gala de la característica flema británica, opinaría: «No nos gusta verla retratada de esta manera». En compensación al revuelo causado, en la carátula del tercer single, «Women in Uniform», Thatcher, apostada en una esquina y empuñando un subfusil, se vengaría de un Eddie acompañado de dos curvilíneas.

Eddie después de apuñalar a Margaret Thatcher en el single «Sanctuary».

El éxito comercial y la polémica mediática vinieron acompañados por la posibilidad de ser teloneros del *British Steel Tour* de Judas Priest por Gran Bretaña, con diecinueve conciertos repartidos entre el 7 y el 27 de marzo de 1980, para saltar después a Europa haciendo lo mismo en los conciertos de Kiss, que presentaban su álbum *Unmasked* entre el 29 de agosto y el 13 de octubre. Veintiocho conciertos que permitieron a Maiden darse a conocer ante decenas de miles de personas cada noche.

Como testimonio de aquel primer y prometedor gran año, el quinteto decidió filmar, bajo la dirección de Dave Hillier, su actuación del 21 de diciembre en el Rainbow de Londres, justo un mes después de la entrada de Smith. La filmación vería la luz en el mes de mayo de 1981 bajo el simple título de *Live at the Rainbow* y, posteriormente, se incluiría en el DVD recopilatorio *The Early Days*, publicado el 8 de noviembre de 2004. *Live at the Rainbow* significó una breve presentación visual de la banda, puesto que tan sólo recogía siete canciones, «The Ides of March», «Wrathchild», «Killers» –para la cual Di'Anno escribió la letra en el camerino antes de salir al escenario–, «Remember Tomorrow», «Transylvania», «Phamton of the Opera» y «Iron Maiden».

Killers

«1981 encumbrará o hundirá a Iron Maiden.»

Sounds

Publicado el 2 de febrero de 1981, *Killers* fue el primer disco de Iron Maiden que contó con la producción de Martin Birch (27 de diciembre de 1948), que hasta entonces había trabajado con bandas tan importantes como Deep Purple (*In Rock, Stormbringer, Come Taste the Band, Made in Europe*), Rainbow (*Rainbow, Rising, on Stage, Long Live Rock'n'Roll*), Faces (*The First Step*), Fleetwood Mac (*Mystery to Me, Penguin*),Whitesnake (*Trouble, Lovehunter, Ready an' Willing*), Black Sabbath (*Heaven and Hell*) o Blue Öyster Cult (*Cultusaurus Erectus*). Birch, que produciría los siguientes ocho álbumes de Maiden (hasta *Fear of the Dark*, de 1992), se reunió con la banda tras su actuación en el Rainbow del 20 de junio de 1980 y le preguntó a Harris por qué no habían contactado con él para el primer disco. El bajista admitió que habían sopesado hacerlo, pero «pensamos que eras demasiado famoso para decir que sí.»

El método de trabajo que Birch siguió durante la producción de *Killers* fue el de grabar al quinteto en directo y posteriormente trabajar y corregir las pistas registradas. Un proceder que la banda utilizaría desde entonces, incluso en su etapa con Kevin Shirley como productor. «Yo nunca había trabajado con un productor tan centrado en todos los aspectos de una grabación. (A Birch) Le gustaba divertirse, pero cuando nos poníamos a trabajar no dudaba en sacar el látigo», comentaría Adrian Smith sobre el productor. Por su parte, Birch descubrió cuán profesional era la banda: «La primera vez que los ví trabajar me sorprendieron y me gustaron su energía y actitud. En pocas ocasiones había visto bandas con tanta entrega. En eso me recordaron un poco a los primeros Purple.»

Como buen productor, Birch sabía que para que fuese respetado debía conocer bien al grupo. Para él resultó «obvio que Steve era quien estaba al cargo» de la formación, apreciación que le facilitó mucho el trabajo, ya que «Steve y yo estábamos de acuerdo en el noventa y nueve por ciento de las ocasiones». Así que

Killers, segundo álbum de la banda publicado en 1981.

no fue extraño que el vínculo entre Maiden y el productor se prolongase en el tiempo: «Pensé: Me gusta esta banda. Ojalá podamos trabajar juntos de nuevo.»

Aunque para Harris sea mejor disco que el siguiente, y clásico indiscutible, *The Number of the Beast* (¡para gustos los colores!), la crítica se ensañó con *Killers*. Por ejemplo, la revista *Sounds*, quizás siguiendo la política de 'grupo en vías de consagración, grupo infame', lo calificó como «un error más que un triunfo», pero *Killers* resulta a todas todas una producción mejor que su predecesora. Grabado entre noviembre de 1980 y enero de 1981 en los estudios Battery, situados en el número 1 de Maybury Gardens, en el noroeste de la *City* londinense, la novedad del disco –distribuido en Estados Unidos por los sellos Harvest y Capitol– sería la incorporación de Adrian Smith como músico, pues como compositor lo haría en el siguiente *The Number of the Beast*.

De hecho, y a excepción del tema que da título al disco y en el que colaboraría Di'Anno, *Killers* es fruto directo de Harris, desde la instrumental que lo abre, «The Ides of March», hasta «Drifter», que lo cierra. Entre una y otra, temas destacables como «Wrathchild» (de la que ya habían grabado una versión para el álbum coral *Metal for Muthas*), la también instrumental del álbum, «Genghis Khan», la recuperada «Innocent Exile», «Killers» y «Purgatory» (tema recuperado de los primerísimos tiempos de la banda, cuando respondía al título de «Floating»). También destaca, y mucho, «Murders in the Rue Morgue», para la cual Harris se inspiró en la obra del mismo título que el escritor Edgar Allan Poe había publicado en 1841.

Con «Wrathchild» como cara B, el primer single de *Killers* fue «Twilight Zone», tema escrito a medias entre Murray y Harris («Dave trajo el *riff* y yo escribí la melodía y la letra») y que no fue incluido en la versión británica del disco, pero sí en la edición americana y también en la reedición remasterizada del álbum de 1998. Publicado el 2 de marzo de 1981, «Twilight Zone» lograría un tímido número 31 en las listas británicas, mejor clasificación que la del segundo single, «Purgatory»/«Genghis khan», publicado el 15 de junio y que sólo llegaría al número 51.

Como promoción de *Killers* –que por sus ventas en Gran Bretaña, donde sería número 12, conseguiría el Disco de Plata el 6 de septiembre de 1982 y el Disco de Oro el 1 de noviembre de 1985–, Iron Maiden se embarcaron en su primera gran gira internacional, ciento dieciocho conciertos llevados a cabo entre el 17 de febrero y el 23 de diciembre de 1981, que recorrería Europa (Gran Bretaña, Francia, Italia, Suiza, Bélgica, Holanda,

Alemania, Yugoslavia, Suecia, Dinamarca), Estados Unidos, Canadá y Japón (cinco conciertos en cuatro días: una actuación los días 21, 22 y 23 de mayo y dos –mañana y tarde– el 24 de mayo). La visita al País del Sol Naciente, aunque breve, resultó fructífera (con las entradas de las tres actuaciones en Tokio vendidas en menos de dos horas), quedando recogida en la segunda grabación oficial en directo del quinteto, el EP *Maiden Japan*. Publicado el 14 de septiembre, la grabación, número 43 en la lista de singles británicos, recogía cuatro temas, «Running Free», «Remember Tomorrow», «Killers» e «Innocent Exile», grabados durante el concierto del 23 de mayo de 1981, celebrado en el Kosei Nenkin Hall de Nagoya.

El grupo, con Paul Di'Anno en 1981.

o o o

Como novel en Estados Unidos, la banda tuvo que ganarse al público en cada uno de los treinta y cinco conciertos que abrieron para Judas Priest, haciéndolo en otras dos ocasiones para UFO a comienzos del mes de agosto (el día 1 en San Bernardino y el día 4 en Long Beach). Iron Maiden lograron no sólo despertar el interés del público, sino también el de la prensa especializada. En el caso de la revista *Billboard*, ésta destacó a los guitarristas de la formación, diciendo de ellos: «El tándem formado por el nuevo guitarrista Adrian Smith y Dave Murray es el más formidable *twin-guitar* del heavy metal.»

A pesar de que las primeras actuaciones en territorio estadounidense sirvieron para que *Killers* despachase doscientas copias y alcanzase el puesto 78 de la lista de álbumes de la revista *Billboard*, el elevado número de fechas y la fatigante vida en la carretera, (la banda y el resto del equipo sólo tomaban un avión si la distancia a recorrer entre ciudades era superior a los trescien-

tos kilómetros), colmaron los ánimos de
Di'Anno, quien abandonaría Maiden tras
el concierto del 10 de septiembre en el
Odd Fellows Mansion de Copenague.

La disipada vida de Di'Anno causó problemas en su voz y le llevó a incumplir
con la agenda de conciertos, teniéndose
que cancelar una fecha en Holanda (27 de
abril), cuatro en Alemania (30 de abril y
1, 2 y 3 de mayo), dos en Suecia (7 y 8 de
mayo), y otras dos más, en Noruega (9 de
mayo) y en Dinamarca (10 de mayo). Harris reconocería que esa inexcusable falta
de compromiso fue única y exclusivamente lo que motivo la salida de Di'Anno de

La edición venezolana del disco cuenta
con una cubierta en la que muestra el
icono Eddie the Head sosteniendo la
cabeza decapitada del cantante Paul
Di'Anno.

Iron Maiden. «En aquella época tenía problemas personales y me resultaba difícil centrarme –reconocería más tarde el cantante–. Estaba un poco
desilusionado conmigo y con algunas cosas del grupo. Pensé que lo mejor
era dejarlo, en lugar de ser un obstáculo y el grupo pensaba lo mismo».
El propio Di'Anno reconocería que en aquella época «empecé a beber un
montón y debí meterme por la nariz medio Perú… No estaba contento, ni
con el disco ni conmigo mismo y realmente no quería estar en la banda. Y
si no puedes darle el mil por cien a una banda como Iron Maiden lo mejor
que puedes hacer es quitarte de en medio». Según Harris: «No podíamos
seguir adelante con él porque no quería salir de gira en un momento en el
que necesitábamos estar constantemente en la carretera. Paul no tenía ni el
compromiso ni la profesionalidad que tendría Bruce.»

Curiosamente, el ya expulsado Dennis Stratton había cuestionado las posibilidades de Iron Maiden de hacerse un hueco en el mercado estadounidense debido al estilo vocal de Di'Anno. El guitarrista confesaría años más
tarde que «le dije a Rod Smallwood que Maiden no conseguirían triunfar
en América mientras Paul Di'Anno estuviese en la banda». También tiempo
después el propio Harris reconocería que Di'Anno no era el cantante que en
un principio había deseado para el grupo.

Y al igual que había sucedido poco menos de un año antes, Harris y el
resto de la banda encontraron un substituto a toda prisa para concluir la gira
de 1981: Bruce Dickinson, procedente de Samson. Dickinson se estrenaría
como vocalista de la banda en el concierto del 26 de octubre en el Palasport

de Bolonia. Bruce no fue la primera opción (se barajaron nombres como Terry Slesser, exmiembro de Back Street Crawler, la banda que había formado
el exguitarrista de Free, Paul Kossoff, y que también habían considerado
AC/DC como substituto de Bon Scott) y cuando su nombre salió a la palestra contó con la reprobación de Rod Smallwood, quien había tenido ciertas
diferencias con Samson. Pero Ha-
rris, que veía en Dickinson la versión
actualizada de Ian Gillan, acompañó
precisamente a Smallwood a ver a
Samson en su actuación del 29 de
agosto en el festival de Reading y al
representante se le disiparon las dudas sobre la técnica y la presencia en
el escenario del cantante.

Años después, Murray afirmaría
que con Dickinson «el grupo pasó
a otro nivel», mientras que Birch
advertiría que poseía «más registros
como cantante» que Di'Anno. Este

Bruce Dickinson entra en la banda en 1981.

mismo reconocería posteriormente, en un innecesario ejercicio de humildad
puesto que resulta innegable su valiosa aportación a los Maiden, que «Bruce
Dickinson es el mejor vocalista de Iron Maiden.»

En base a esas opiniones no es de extrañar que la audición que Dickinson
hizo para el grupo a finales de septiembre de 1981, consistente en la interpretación de los temas «Prowler», «Remember Tomorrow» y «Murders
in the Rue Morgue» en una sala de ensayos de Hackney y la grabación en
estudio de «Twilight Zone», no fuese más que un mero trámite que superó
sobradamente. Aún así, Dickinson dudó sobre si aceptar la oferta de Maiden y consultó con algunos conocidos, como el guitarrista Bill Liesegang,
con quien el cantante había coincidido en el grupo Shots. Según recordaba
Liesegang, Bruce le comentó: «Tengo una oferta de Iron Maiden, ¿crees
que debería aceptarla?», a lo que Liesegang le dijo: «¡Sin dudarlo!» Incluso
Stratton, con el que Dickinson coincidió casualmente en un pub, le animó:
«Sí, acepta. Si aceptas, Maiden serán grandes en América.»

Finalmente decidido, Dickinson quiso defender su posición en la banda,
de ahí que cuando se entrevistó con Smallwood le espetase: «Escucha: no
me pidas que me vista de cuero negro, me corte el pelo y me ponga un collar
de púas, porque yo no soy como el anterior cantante. Yo tengo mis propias
ideas y si no te gustan…»

Por su parte, Steve Harris revelaría más de una década después, justo una vez que Dickinson decidiese abandonar la banda: «El primer año fue el más duro, porque trataba de demostrar algo al grupo. Yo le dije que creía que el cantante debía ser el *frontman* y el portavoz sobre el escenario y que no tenía problemas con ello. Después de que se asentara con la composición de *The Number of the Beast*, ya no hubieron más problemas.»

Cartel del festival Reading rock en 1982.

3. La bestia

«¡Ay de la tierra y del mar!
pues el Diablo enviará a la bestia con ira
porque sabe que le queda poco tiempo...
Quien tenga inteligencia
calcule el número de la Bestia,
pues es un número humano.
Su número es Seiscientos Sesenta y Seis...»

Al margen de las carencias técnicas y la propia evolución como compositores, resulta evidente que *Iron Maiden* y *Killers* conforman un primer capítulo en la discografía de Iron Maiden tras el cual se abrió otro, nuevo y totalmente glorioso, partiendo de cero. Según explicaría Steve Harris, de cara a su tercer álbum «no teníamos nada de material escrito, ya habíamos usado todo el material en periodos anteriores. Para los dos álbumes anteriores teníamos el material listo, incluso antes de tener un contrato para cada uno de ellos. En el segundo álbum, *Killers*, sólo hay tres o cuatro canciones totalmente nuevas. El resto del material había sido escrito bastante tiempo atrás. Así que estábamos bastante presionados. Todo ese material (el de *The Number of the Beast)* fue escrito en cuestión de dos o tres semanas, porque era todo el tiempo con el que contábamos y aunque fue bastante estresante, esto fue lo que definió la forma en la que grabamos desde entonces. Nos dimos cuenta de que trabajábamos muy bien bajo presión.»

Para la siguiente etapa, que abarcaría sus títulos más clásicos aparecidos entre 1982 y 1988, la banda se despojó de manera natural de reminiscencias sonoras más primitivas dando paso a un sonido más ambicioso y fastuoso, cambio en el cual fue decisiva la incorporación de Bruce Dickinson.

Tras sus primeros y exitosos conciertos en Europa, a lo largo de 1980 y 1981, y Estados Unidos, entre junio y agosto de 1981, había llegado el momento crucial para Iron Maiden. Y para corroborar que estaban preparados para su consagración internacional, el grupo se sacó de la manga *The Number of the Beast*.

Publicado el 22 de marzo de 1982, el disco repetía con Martin Birch en la producción, llevada a cabo a lo largo de cinco semanas, desde principios de enero hasta mediados de febrero de 1982, en los estudios Battery. Sería, también, el último disco en el que participaría Clive Burr, quien, por cierto, aportaría su única composición al cancionero de los Maiden, «Gangland», compuesta a medias con Adrian Smith.

The Number of the Beast resultó el siguiente eslabón natural respecto al planteamiento musical que había presentado *Killers*, si bien es, sin duda, la

fusión culminante entre los ritmos galopantes de la sección rítmica formada por Harris y Burr y las harmonías de las guitarras de Murray y Smith. Además, Dickinson aportó más melodía a las letras, en las que contribuyó substancialmente (especialmente en temas como «Children of the Damned», «The Prisoner» o «Run to the Hills», aunque esta contribución no se reflejó en los créditos del disco por cuestiones contractuales que aún lo mantenían ligado legalmente a Samson), gracias a un estilo que encuadraba con el de la vieja escuela del

The Number of the Beast fue el tercer álbum de la banda y uno de los más populares.

hard rock, muy similar en algunos momentos al del gran Ronnie James Dio.

El propio Martin Birch diría sobre la aportación del cantante: «Sencillamente, no creo que (Di'Anno) hubiera sido capaz de asumir la interpretación vocal en el rumbo que Steve quería tomar. Cuando Bruce se unió a la banda, se abrieron del todo todas aquellas posibilidades de cara al nuevo disco.» Por su parte, Dickinson reconocería más tarde: «Era la banda de Steve, pero yo tenía mis propias ideas, algo que les advertí a todos antes de unirme.»

Pero la contribución de Dickinson también resultaría apreciable en concierto. Para Murray «sabía realmente como ganarse al público, dándolo todo de una manera que Paul jamás llegó a hacer» mientras que Harris reconoció que «cuando Bruce se unió, su entusiasmo era increíble y fue algo que la banda necesitaba, porque teníamos la moral por los suelos.»

Sin embargo, Maiden eran conscientes de que, a pesar de la gran aportación del cantante, quedaba pendiente la aprobación de los fans, tal y como confesaría Harris: «Fue un período de mucha ansiedad, muy traumático. Nos preguntábamos si los fans acogerían a nuestro nuevo cantante. Sabíamos que en Bruce teníamos a un gran cantante, sin embargo, era difícil saber cómo lo recibiría la audiencia. A todo el mundo le gustó Bruce y, como ya se sabe, todo empezó a funcionar desde ese momento.»

The Number of the Beast reunía algunos de los más grandes clásicos de la banda, como «The Prisoner» (para cuyo *speech* inicial, extraído de la serie de televisión de igual título tuvieron que pedir permiso a su actor protagonista, Patrick McGoohan), «Run to the Hills», «Children of the Damned», «22 Acacia Avenue» o «Hallowed be thy Name» así como la pieza que le da título. En la práctica, la primera y la última de estas cuatro fueron las escogidas como singles. «Run to the Hills», con «Total Eclipse» en su cara B, se publicó el 12 de febrero de 1982, consiguiendo el número 7 en Gran Bretaña, mientras que «The Number of the Beast» (para la que Harris se inspiró en la película *La maldición de Damien*, de 1978), con la versión en directo de «Remember Tomorrow» (grabada durante la actuación del 29 de octubre de 1981 en Padua), se tendría que conformar con un más discreto puesto 18. Y ya puestos a hablar de referencias cinéfilas, la citada «Children of the Damned» se inspiraba en la película británica de ciencia-ficcion de 1964 del mismo título, dirigida por Anton M. Leader, secuela de *Village of the Damned*, dirigida en 1960 por Wolf Rilla. Ambas hacían referencia a un grupo de niños dotados de poderes paranormales.

«The Number of the Beast» tiene, también, otra famosa introducción: el *speech* a cargo del presentador televisivo y locutor radiofónico de la BBC Barry Clayton (1931-2011), que recoge fragmentos del *Libro de las revelaciones*, último libro del Nuevo Testamento. En un principio, la banda le propuso el trabajo al archiconocido actor Vicent Price, pero tuvo que ser descartado ya que exigía una remuneración de veinticinco mil libras.

Décadas más tarde, la citada «Hallowed be thy Name» supondría un problema para la banda de Steve Harris, ya que suscitaría que Barry McKay, representante de Beckett –la efímera banda de rock progresivo de los años 1970– presentase una querella contra Steve Harris y Dave Murray, pues según su parecer el tema de Maiden reproduce parte de la letra de «Life's Shadow», escrita por Brian Ingham e incluída en el álbum *Beckett* de 1974. Ante la demanda judicial, Maiden decidieron retirar de inmediato la canción de su repertorio. Phantom Management, la agencia de representación de Iron Maiden, publicaría una nota de prensa reconociendo la coincidencia entre ambas composiciones: «Steve Harris era un fan de Beckett y unas seis líneas de estrofa del tema se citan en el tema de Steve. Por lo que se refiere a Steve, este asunto fue resuelto hace algunos años mediante un acuerdo, pero se va a examinar la nueva demanda, presentándose la defensa correspondiente. Es extraño que después de cuarenta años aparezca este problema.»

○ ○ ○

La correspondiente gira, denominada *The Beast on the Road*, sería a la postre la segunda gran gira en la carrera de Iron Maiden, por sus ciento ochenta y cuatro conciertos (tan sólo superada por el *World Slavery Tour*, con ciento ochenta y siete fechas). Así, con un mes de antelación a la publicación del disco, el periplo comenzaría el 25 de febrero en el Queensway Hall de Dunstable y finalizaría diez meses después, el 10 de diciembre, con el concierto ofrecido en el Civic Center de Nigata, Japón. Entre ambas fechas, el quinteto visitaría de nuevo Europa, Estados Unidos, Canadá, Japón y, por primera vez, Australia.

Ante semejante magnitud, Smallwood y sus representados decidieron dar testimonio del periplo mediante una nueva filmación. El concierto escogido a tal efecto fue el que se llevó a cabo en el Hammersmith Odeon el 20 de marzo de 1982 y que pertinentemente llevaría por título *Beast on the Road*. Para Dickinson fue «una actuación increíble porque estábamos muy compenetrados. Después de aquella gira hicimos muchas más, pero esa actuación creo que es mucho mejor que la de *Live After Death*. Grabamos aquel concierto porque se suponía que Hammersmith daría lugar a un vídeo. Dave Lights, el director de la iluminación, discutió con la gente del vídeo porque la luz del escenario era tan oscura que al final no se consiguió suficiente material para hacer el vídeo.»

La irregular calidad de la imagen resultante impidió que la cinta se distribuyese entonces en formato vídeo, si bien la banda sonora sí que se publicaría, aunque veinte años después, en el doble álbum *Beast Over Hammersmith*, incluído en la boxset *Eddie's Archive*, mientras que cuarenta y seis minutos del rodaje formarían parte en 2004 del DVD *The Early Days* (recuperando los temas «Murders in the Rue Morgue», «Run to the Hills», «Children of the Damned», «The Number of the Beast», «22 Acacia Avenue», «Total Eclipse», «The Prisoner», «Hallowed be thy Name» y «Iron Maiden»).

El éxito de *The Number of the Beast* significó la posterior e inmediata implicación de EMI, que en comandita con Smallwood acordaría las acciones del grupo de los siguientes años, planeando minuciosamente una agotadora sucesión de giras y grabaciones.

Carne de escenario

«Nunca me subiré a un escenario a tocar algo que no quiera.
Antes prefiero trabajar como barrendero, trabajo que,
por cierto, ya hice en el pasado.»
Steve Harris

The Beast on the Road traería por primera vez a la banda a España, donde ya contaba con un buen número de seguidores. En concreto, Maiden actuarían los días 2, 3 y 4 de abril en Barcelona (Palau d'Esports), Madrid (Pabellón Deportivo del Real Madrid) y San Sebastián (Velódromo de Anoeta), con entradas a la venta por el precio de 800 pesetas (4,80 euros).

A aquellos conciertos, en concreto al de Barcelona, hizo referencia el periodista Albert Mallofré en la crónica que el diario *La Vanguardia* publicó dos días después del ofrecido en la Ciudad Condal y que bajo el título 'Iron Maiden, balance positivo', los definía como «un segunda división apañadito, de los de 'sin negativos' en la tabla, pero con posibilidades de ascenso un tanto remotas», calificando su directo de «cultivo de eso que se conoce como agresividad y que en términos digamos más antiguos se hubiera podido calificar como barbarie.» El periodista destacaba, eso sí, «una puesta en escena bastante sofisticada, con un *atrezzo* aparatoso y complejo con efectos especiales de sonido, rayos luminotécnicos y otros recursos visuales, incluyendo la clásica humareda vaporosa para reforzar aquello de la fantasmagoría y tal.»

Al menos, sentenciaba al final de la crónica: «Los músicos demostraban conocer su oficio y se manifestaban con laudable elocuencia, aplicados con rigor y profesionalidad al objetivo que se habían propuesto. Objetivo que está a su alcance y que consiguen no sólo con una buena dosis de eficacia sino hasta con brillantez.»

Veinticuatro años después, César Martín, responsable *de facto* de la decana revista musical *Popular 1*, recordaba de la fecha en el Palau d'Esports: «La banda se encontraba en un momento de extraordinaria frescura. Eran muy jóvenes, tenían ganas de comerse el mundo y contaban con un repertorio de directo que tiraba de espaldas. La etapa Di'Anno había sido tan breve que ni tan siquiera tenía una gran importancia que nuestra primera vez con Maiden fuese con un vocalista que no había formado parte de aquellos dos primeros discos. Simplemente era otra etapa y, de hecho, a mí me gustaba más ese nuevo disco que los dos primeros. Tres canciones, en concreto, las tenía clavadas en mi cabeza a todas horas: «Run to the Hills», «The Number of the Beast» y «22 Acacia Avenue».»

A la efectividad del espectáculo también hacia referencia la crónica del concierto madrileño, publicada por el diario *ABC* el 6 de abril, escrita por Tomás Cuesta, quien decía: «Iron Maiden ponían el cartel de 'No hay billetes' en un recinto mareado de sudor, vatios, lucecillas y vomitonas varias… Los ingleses desgranaron la función con la elocuencia y el *savoir faire* habituales. Hubo, como de costumbre, fuerza, bestialismo, cretinez, soponcios y desmayos. Tanto fue su entusiasmo que llegaron, incluso, a cepillarse los plomos del local, últimamente demasiado maltratados.»

En cuanto a las fechas de Estados Unidos y Canadá, siendo un mercado que aún debían conquistar, Iron Maiden abrieron para Scorpions, Rainbow, 38 Special y Judas Priest, a diferencia de Europa en el que lo hacían como cabezas de cartel, siendo teloneados por The Rods, Blackfoot, Trust y Bullet, estos últimos abriendo en las tres ciudades españolas.

Aquel 1982, Iron Maiden participaron como cabezas de cartel en la segunda de las tres jornadas del Festival de Reading, celebrada el 28 de agosto. La vigésimo segunda edición del Reading fue un buen ejemplo de los nuevos aires que soplaban en el rock, al incluir bandas como Overkill, Praying Mantis, Manowar, Gary Moore, Tygers of Pan Tang, Marillion, Twisted Sister, Y&T, Michael Schenker y los españoles Barón Rojo. La actuación de Maiden resultó soberbia, siendo los reyes indiscutibles del segundo día a juicio de los críticos de *Record Mirror* y *Sounds*, con un repertorio formado por los temas «Murders in the Rue Morgue», «Wrathchild», «Run to the Hills», «Children of the Damned», «The Number of the Beast», «22 Acacia Avenue», «Transylvania», «The Prisoner», «Hallowed be thy Name», «Phantom of the Opera», «Iron Maiden», «Running Free», «Sanctuary», «Drifter» y «Tush», versión de ZZ Top que interpretaron junto a Blackfoot, la banda de Jacksonville.

No obstante, a pesar del claro ascenso del quinteto, Smallwood se limitó a subir el salario de los cinco miembros de sesenta a cien libras semanales. La casi totalidad de los ingresos se destinaba a la promoción y compra de equipo de sonido y estructuras escénicas.

Volando alto

«Estoy en una gran banda, tengo un disco número 1,
acabo de hacer una gira… ¿Qué voy a hacer el resto de mi vida?»

Bruce Dickinson

A pesar del gran éxito de la gira *The Beast on the Road*, Clive Burr abandonaría Iron Maiden a finales de diciembre de 1982. El motivo de su marcha, o más bien el origen de su despido, fue su ausencia durante el tramo de conciertos por Estados Unidos. El padre del batería, Ronald Burr, fallecería en verano de aquel año, a los 57 años, de un ataque al corazón y Clive, como es lógico, cogió el primer vuelo del Concorde a Gran Bretaña para asistir al funeral, siendo substituído durante las dos semanas que duró su ausencia por Nicko McBrain (Hackney, Londres, 5 de junio de 1954), entonces en Trust (anteriormente también en Streetwalkers y en la banda de Pat Travers), grupo francés que precisamente habían abierto los conciertos en Bélgica y Alemania para Maiden: «Conocía a Nicko –declararía años después el propio Burr a la revista Classic Rock–. Él amaba la banda, deseaba ser parte de ella y a la banda le caía bien.»

Nicko ya había formado parte de Maiden de manera anecdótica en un programa para la televisión belga, en el que substituyó a un indispuesto Clive, eso sí, usando una careta de Eddie para no ser reconocido: «Nos conocíamos de cuando yo estaba en Trust, con Paul todavía en el grupo. En esa época los conocía muy bien y era muy amigo de Clive Burr (…) Lo más complicado fue substituir a un amigo de aquella manera, aunque fue mucho más fácil por cómo los chicos me acogieron y me aceptaron sin compararme con Clive. De inmediato me sentí parte de la familia, aunque durante tres o cuatro años mi relación con Clive se deterioró bastante, hasta que finalmente decidió salir de la cueva y hacer las paces.»

Aquellas dos semanas de actuaciones por Estados Unidos sirvieron para que Harris y el resto del grupo se percatasen de la pericia

Iron Maiden en un concierto en la ciudad de Nueva York en 1983.

de McBrain, la cual entendieron, en cierto modo, superior a la del bueno de Burr, quien a su regreso se dio cuenta del ambiente un tanto hostil en el seno de la banda. Ya en Gran Bretaña, los rumores de sus problemas con las drogas, el alcohol y los excesos harían el resto: «Fue una época dolorosa. Sentía pena por mi padre y sentía pena por mi banda y me vine abajo por todo ello.»

Curiosamente, una vez fuera de Iron Maiden el primer grupo por el que pasó Burr fue Trust, con los que grabó un par de álbumes, *Trust IV* (1983) y *Man's Trap* (1984), para luego hacerlo en los Alcatrazz de Graham Bonnet; Gogmagog, coincidiendo con Paul Di'Anno y Janick Gers; Praying Mantis y Desperados, sin olvidar que en 1984 lideraría su propio combo, Stratus, con los que publicó el álbum *Throwing Shapes*.

La salida de Burr no impidió que tras apenas unas pocas semanas de descanso Iron Maiden volasen al otro lado del Atlántico para encerrarse durante mes y medio en los estudios Compass Point de las Islas Bahamas, para grabar su siguiente álbum, *Piece of Mind*, con Nicko McBrain ya oficialmente como batería.

La banda con la incorporación de Nicko McBrain en 1983.

Para tantear al músico de nariz roma, Smallwood se entrevistó con él en Nueva York. Durante la charla, el representante pensó de McBrain «es un chico estupendo, pero está completamente loco». No obstante, Nicko era un pertinaz profesional, capaz de separar la música de la diversión. Según Harris: «Supe que lo haría bien al minuto de que pisara el escenario». A diferencia de Burr, el estilo de McBrain en los tambores podía ser menos contundente, pero resultaba mucho más sofisticado y preciso. En opinión de Harris, «nos dio otra dimensión.»

○ ○ ○

Los estudios Compass Point fueron fundados en 1977 por Chris Blackwell, el propietario del sello Island Records y responsable del éxito internacional de Bob Marley. Por la instalación habían pasado artistas de primera fila, como los Rolling Stones, que grabaron allí su álbum *Emotional Rescue* (1980), o AC/DC, que hicieron lo propio con su clásico *Back In Black* (1980). Ubicado a los pies de una playa de aguas templadas y cristalinas, era la excusa perfecta para que un grupo de jóvenes británicos abandonara su país en los meses de más frío.

De esta manera, y tras pasar unas semanas recluídos en el hotel Le Chalet, en la Isla de Jersey, en pleno Canal de La Mancha, para componer y ensayar los nuevos temas, entre febrero y marzo de 1983, y de nuevo bajo la producción de Martin Birch, Iron Maiden fueron produciendo los trece temas que darían forma a su cuarto álbum, mezclado en los Electric Lady de Nueva York y que vería la luz el 16 de mayo de aquel mismo año.

Dickinson, libre de compromisos legales con Samson, por fin pudo ver reflejada su aportación en los créditos («Flight of Icarus», «Die with Your Boots on», «Sun and Steel» y, especialmente «Revelations»), mientras que Adrian también vió incrementada su participación precisamente en comandita con el cantante.

Considerado por Harris como el mejor álbum que la banda había grabado hasta entonces, de *Piece of Mind*, certificado como Disco de Plata por sus ventas en Gran Bretaña el 16 de marzo de 1986 y Disco de Platino el 1 de marzo de 1995, se extraerían dos singles, «Flight of Icarus», con la ya conocida versión de Montrose «I've Got the Fire» como cara B, publicado el 11 de abril, y el clásico «The Trooper», con otra

Carátula de la portada del disco publicado en 1983, *Piece of Mind*.

versión en su reverso, «Cross-eyed Mary» de Jethro Tull, publicado el 20 de junio. Ambos sencillos tuvieron un alcance moderado en el *chart* inglés, en el que lograron los puestos número 14 y 12, respectivamente. Por su parte, el disco lograría un flamante número 3 en Gran Bretaña y, fruto de los exhaustivos conciertos, el número 8 en Estados Unidos, país al que la banda regresó con la gira *World Piece Tour*, de ciento treinta y nueve fechas, que se puso en marcha el 28 de abril en Alemania y concluiría el 18 de diciembre en el mismo país, en esa ocasión con dos conciertos ofrecidos en Westfalenhalle.

Precisamente ese último día significó uno de los capítulos más memorables en la historia del hard rock/heavy metal, puesto que se trata de la primera de las dos jornadas en las que se llevó a cabo el Festival de Dortmund, el cual contó en aquella edición con las bandas más representativas del género de aquel momento: Scorpions, Ozzy Osbourne, Def Leppard, Quiet Riot, Judas Priest, Krokus, Michael Schenker Group y, como cabezas de cartel, Iron Maiden.

El *World Piece Tour* podría parecer una versión 'reducida' del anterior *The Beast on the Road* y del siguiente *World Slavery Tour*, pero no se dejó ninguno de los países que ya habían visitado Maiden. En el caso de España, y con la banda de Michael Schenker como telonera, la visita llegó a finales de otoño: 22 de noviembre, Polideportivo de Badalona; 24 y 25 de noviembre, Pabellón del Real Madrid, y 27 de noviembre, Velódromo de Anoeta.

La crónica de uno de los dos conciertos de Madrid, publicada por el diario *ABC*, resulta altamente ilustrativa del ambiente que despertó aquella segunda visita del quinteto a nuestro país: «…Iron Maiden convirtió aquello (el Pabellón del Real Madrid) en un

La *World Piece Tour* se puso en marcha el 28 de abril en Alemania y concluiría el 18 de diciembre en ese mismo país.

infierno irrespirable, donde no cabía ni un alfiler y donde los tonos rojizos y ocres, la gente acumulada y la música enloquecedora componían un cuadro diabólico.» El resto del artículo, que en ningún momento entraba en detalles musicales, continuaba con una cansina y retrógrada ponzoña de eufemismos diabólicos que mejor dejar en el olvido.

Por el contrario, *La Vanguardia* hizo una valoración más coherente y positiva: «Los cinco miembros del grupo derrocharon potencial energético sobre la escena, con una extraordinaria movilidad. En este tipo de actividades se distinguió especialmente el nuevo cantante del grupo, Bruce Dickinson, que supo promover en el auditorio un grado de comunicación de gran efervescencia, además de cantar con positivo vigor, dentro de su género. Los dos guitarristas, Dave Murray y Adrian Smith, de una parte y el bajista y líder del grupo Steve Harris, de la otra, sostuvieron con pulso firme y mano

maestra la marcha de la exhibición y marcaron diáfanamente el sello estilístico del conjunto. El baterista Nicko McBrain, mientras tanto, aparecía como
perdido entre un océano de tambores y platos (tantos que parecía imposible
que un solo hombre pudiera llegar a tocarlos todos en un solo día) y acreditó
sus cualidades de bombardero, amplificadas por una sonorización capaz de
arruinar los tímpanos de un elefante.»

El poder de los esclavos

«Era un disco largo, de temas complejos, que mostraba todo el virtuosismo de Iron
Maiden. También fue el primero que publicaron que incluía la misma formación
que el anterior. Fue la formación ideal de Iron Maiden, la misma que se mantuvo
durante el resto de los años ochenta. Se publicaron grandes discos en aquellos años,
pero ninguno tan majestuoso como "*Powerslave*".»

Rolling Stone

De manera natural, tras las sesiones de *Piece of Mind* Harris comenzó a componer temas más extensos. Un buen ejemplo de esa nueva orientación sería
«Rime of Ancient Mariner», inspirada en un poema de 1798 del autor británico Samuel Taylor Coleridge (en castellano titulado «La balada del viejo
marinero»), quien a su vez se había inspirado en un largo viaje que James
Cook había realizado por los Mares del Sur y el Océano Pacífico entre 1772
y 1775. De hecho, la letra del tema recoge un par de versos del poema de
Coleridge, en concreto:

«Día tras día, día tras día,
permanecíamos fijos, sin aliento,
ociosos como una nave pintada
a flote en un pintado mar.

Agua, por todas partes agua,
y un rechinar de cundernas;
agua, por todas partes agua,
y ni una gota que beber.»

La extensa «Rime of the Ancient Mariner», trece minutos y cuarenta y
cinco segundos, sería la pieza angular de *Powerslave*, punto cardinal de la
discografía de Iron Maiden aún a fecha de hoy, que comenzaría a gestarse

durante las tres semanas que la banda volvió a pasar en Jersey en el mes de enero de 1984, antes de la prevista visita a los estudios Compass Point, reflejo del calendario previsto por EMI y Smallwood y que se prolongaría desde febrero hasta junio.

Considerado por la revista *Billboard* como «el tercero de una trilogía de discos legendaria de Iron Maiden», *Powerslave* contaba también con otros dos momentos clave, «Aces High» y «2 Minutes to Midnight», los cuales, a pesar de su moderada entrada en el Top 20 británico, se convertirían de inmediato en clásicos del repertorio Maiden, confirmados ya entonces como adalides del heavy metal. Para Harris, *Powerslave* «es un disco realmente muy potente. Tiene cuatro clásicos que aún solemos tocar en directo, «Rime of the Ancient Mariner», «Two Minutes to Midnight», «Powerslave» y «Aces High», aunque el resto de las canciones también son buenas. Está «The Duelists», que creo que es muy buena y musicalmente interesante, aunque si la comparas con «Rime of Ancient Mariner» o «Two Minutes to Midnight» no hay color.»

Publicado el 2 de septiembre de 1984, el disco fue número 2 en Gran Bretaña, mientras que en Estados Unidos alcanzó el puesto 21. Allí, al otro lado del Atlántico, la crítica opinaría: «Si *The Number of the Beast* es un clásico del metal, *Powerslave* es probablemente la quintaesencia de Maiden, conteniendo

Carátula de *Powerslave*, quinto álbum de la banda y publicado en 1984.

todos los elementos característicos de la banda... *Powerslave* resume porqué Iron Maiden son tan importantes y porque es una influencia aún más grande que *The Number of the Beast*.»

● ● ●

Coincidiendo con el arranque del segundo tramo del *World Slavery Tour* por Estados Unidos, Dave Murray y Adrian Smith aceptaron la propuesta de Ronnie James Dio para participar en la grabación del tema «Stars», eje central del proyecto benéfico *Hear'n Aid*, promovido por sus músicos Jimmy Bain y Vivian Campbell.

A *Hear'n Aid* se sumaron de inmediato algunos de los músicos más notables del hard rock y el heavy metal, como Don Dokken, Mick Brown, George Lynch y Jeff Pilson, de Dokken; Kevin DuBrow, Frankie Banali, Carlos Cavazo y Rudy Sarzo, de Quiet Riot; Rob Halford, de Judas Priest; Eric Bloom y 'Buck Dharma' Roeser, de Blue Öyster Cult; Blackie Lawless y Chris Holmes, de WASP; Vince Neil y Mick Mars, de Mötley Crüe; Neal Schon, de Journey; Yngwie Malmsteen o Ted Nugent, entre otros.

Con el propósito de sumarse a los archiconocidos proyectos pop «Do They Know It's Christmas?», de la Band Aid, y «We Are the World», de USA for Africa, la grabación de «Stars» se llevó a cabo durante los días 20 y 21 de mayo de 1985, en los estudios del sello A&M en Hollywood. En el caso de Iron Maiden, las dos jornadas de grabación tuvieron lugar justo a su regreso a Estados Unidos provenientes de Australia, para iniciar el segundo tramo de la gira *World Slavery Tour* por el país, que comenzó el 23 de mayo en el Cumberland County Civic Center de Portland.

«Stars», que en Gran Bretaña alcanzaría el puesto 26 en abril de 1986, se publicaría en formato single y maxi-single, obteniendo unos beneficios de un millón de dólares. El disco del que formaba parte se completaba con canciones de Accept («Up to the Limit»), Motörhead («On Throad»), Rush («Distant Early Warning»), Kiss («Heaven's on Fire»), Jimi Hendrix («Can You See Me»), Dio («Hungry for Heaven»), Y&T («Go for the Throat») y Scorpions («The Zoo»), formaciones algunas de ellas que no pudieron asistir a la grabación del tema central por motivos de agenda.

Scream for me, Long Beach!

Precediendo a su publicación el 3 de septiembre, *Powerslave*, certificado como Disco de Oro por sus ventas en Gran Bretaña el 11 de diciembre de 1984, contó con el apoyo del *World Slavery Tour*, considerado por los propios miembros de la banda como la gira más importante de toda su carrera. Para Harris, «visualmente era fantástica y probablemente fue el mejor escenario que nunca tuvimos», mientras que para Dickinson «fue el mejor espectáculo de Maiden.»

Los ciento ochenta y siete conciertos comenzaron de manera aventurada en Polonia, un país que por entonces se encontraba tras el Telón de Acero y que, por tanto, tenía severamente restringido el contacto con la Europa occidental y con cualquier tipo de manifestación proveniente de su cultura

y costumbres. De ahí que ese tipo de
represión no crease sino unas expectativas inusuales entre la juventud pola-
ca, controlada al mismo tiempo por el
catolicismo.

Las cinco actuaciones en Polonia,
llevadas a cabo en Varsovia, Lodz,
Poznan, Wroclaw y Katowice entre
el 9 y el 14 de agosto ante un total de
cincuenta mil personas y la vigilancia
del ejército, fueron un hito y la propia
organización de Maiden se encargó de
que el montaje escénico fuese, de mucho, el mayor que una banda de rock
había llevado hasta entonces por aquellas tierras.

El *World Slavery Tour* fue la mayor gira de Iron
Maiden, incluyendo la mayor puesta en escena
y la mayor duración. Duró 331 días y en ella
dieron 190 conciertos.

Las fechas polacas, al igual que la posterior estancia del grupo en Hungría,
quedarían recogidas en el documental *Behind The Iron Curtain*, publicado
en vídeo en abril de 1985 y posteriormente incluído en el DVD *Live After
Death*, de 2008.

Poco después de aquellos conciertos, Iron Maiden volverían a visitar España, con los alemanes Accept como teloneros de lujo y entradas al precio
de mil doscientas pesetas (7,21 euros), ofreciendo tres nuevas fechas: 29 de
agosto, en el Pabellón de Deportes de San Sebastián y, tras dos actuaciones
en Portugal (Oporto, 31 de agosto, y Cascais, 1 de septiembre), Madrid el
3 de septiembre (en el estadio de fútbol Román Valero), y Barcelona el 5 de
septiembre (en el Palau d'Esports).

Los comentarios que despertó la visita del grupo a la capital española fueron de menosprecio y total desconocimiento, tal y como se pudo leer en el
artículo que el diario *ABC* publicó dos días después de su actuación en el
campo de futbol del CDC Moscardó: «Se vistieron de nuevo para acudir a la
rueda de prensa de la mañana, pero había que verles. Lo de Dickinson daba
risa, con sus vaqueros que no saben lo que es una lavadora, la barba crecida y
los pelos al trasero. Un fenómeno. Parece que recién salido de descargar en
los muelles o de sobrevivir en el Soho.»

Tras despacharse a gusto con algo tan superficial como el aspecto físico del
vocalista, el redactor seguía con una serie de inexactitudes, excluyendo cualquier mención al *setlist* interpretado: «Los Iron Maiden, al principio de su

monstruosa gira de trescientos conciertos en trece meses en veintiocho países, consiguieron pasar el Telón de Acero y llenar Budapest con treinta y
cinco mil personas que ansiaban 'heavy metal'. Aquí, en el Moscardó, en una
tercera visita que atrajo a no más de cinco mil personas, los británicos iniciaron un loco galope hacia AC/DC y los Leppard. En cada concierto, cada
disco, cada actuación tienen que dar más, picar espuelas para no quedarse
atrás. No poseen la capacidad física de los Young y compañía, ni siquiera la
interminable demencia de Ramones, sólo la intención del equilibrio entre la
honradez y el gusto, el destello de la gloria con la salvajada final. Por eso,
ahora revisten sus escenarios de azules aterciopelados, de fantasmas insinuan-
tes, casi al límite del estallido, esperándolo, para luego, como una explosión,
romperte el mito en los dientes y pi-
sotear la sutileza con criminal fiere-
za. Es sólo el mejor momento, porque luego llegará ese solo mareante
que todos aprovechan para retirarse
con descaro hacia la amada cerveza,
cambiar de prisma y posición e incluso para arremeter contra la pa-
rienta de turno. Los Maiden son así,
como la mordedura de una cobra de
Spielberg, fuerte y peligrosa.»

Desde *El País* también se nin-
guneaba al grupo, con perlas tales
como «Si la música no puede evolucionar, que por lo menos el aparato
escénico sea lo suficientemente apa-

Live After Death es el primer álbum en directo
de Iron Maiden, tras el álbum *Maiden Japan* en
formato EP.

bullante como para subrayar al máximo la atención del respetable… Y así,
efecto tras efecto, las canciones de este quinteto británico pasan a un lógico
segundo plano del que no salen ni siquiera cuando son sus éxitos más sona-
dos, « Number of the Beast» o «Killers». No faltó tampoco el desprecio
hacia los músicos: «Los entrelazados juegos guitarreros de Dave Murray
y Adrian Smith resultan empequeñecidos por el ambiente megalómano. Y
Bruce Dickinson suda el estrecho traje brillante y pone a prueba las venas de
su cuello mientras canta con falsete desgarrado, propio del estilo, intentan-
do contagiar de su pasión a los coleguitas en trance de las primeras filas. El
resultado, sin ánimo de ofender, es hortera.» El cronista remata su opinión
sobre la 'escasa' valía de Iron Maiden añadiendo que «poco más de media

entrada registró el césped futbolero. Tal vez España no sea ya lugar lo suficientemente cálido para los dinosaurios.»¡Cuanto arrojo!

Por lo que respecta a la actuación en la capital catalana, celebrada el miér-
coles 5 de septiembre ante ocho mil espectadores, la crónica del concierto
publicada por el diario *La Vanguardia*, además de los ya habituales prejuicios y obviedades descriptivas hacia el público asistente («la mayoría de los
espectadores se visten de 'heavy' ex profeso, para la ocasión, lo mismo que
los músicos oficiantes, y, junto con ellos, participan de la celebración con
alaridos estentóreos, saltos delirantes, ademanes convulsos, puños siempre
en alto, estableciendo una especie de frenesí colectivo que es parte del ri-
tual por el que se liberan negaciones y se eliminan toxinas morales, sociales
y hasta fisiológicas»), reconocía, no obstante, el buen hacer del quinteto:
«Los músicos de Iron Maiden desplegaron un recital muy dinámico, ex-
traordinariamente movido y asentado en los esquemas del rock 'heavy' con
escrupuloso rigor, representando su papel con plena responsabilidad y apli-
cándose también a sus instrumentos, según la construcción de cada tema, sin
desviarse, sin permitirse el fácil disparate gratuito, sin dejarse llevar hacia el
puro caos sonoro, a cuya tentación sucumben a menudo otros colegas. Fue
una representación muy plausible la de Iron Maiden y satisfizo con razón a
toda la asamblea.»

○ ○ ○

Posteriormente, el quinteto atacaría el primer tramo de la gira por Estados
Unidos (del 23 de noviembre de 1984 al 31 de marzo de 1985), en mitad del
cual reservaron una fecha para acudir a la primera e histórica edición del festival Rock in Rio, que se celebraría entre el 11 y el 20 de enero de 1985. Por
el macroevento pasarían primerísimas estrellas del rock, como Queen, Whitesnake, Ozzy Osbourne, AC/DC, Scorpions o Yes (quienes actuaron en
dos fechas), junto a otras pertenecientes a estilos dispares, entiéndase James
Taylor, Rod Stewart, George Benson o los B-52's. Iron Maiden actuarían
el primer día, justo antes de los cabezas de cartel, Queen, ante trescientos
cincuenta mil espectadores.

Iron Maiden en el macroconcierto Rock in Rio de 1985.

Por otro lado, las cuatro actuaciones en el Arena de Long Beach, California (del 14 al 17 de marzo de 1985), del citado primer tramo estadounidense, así como las cuatro fechas previamente ofrecidas en el Hammersmith Odeon de Londres (8, 9, 10 y 12 de octubre de 1984) sirvieron para confeccionar el primer disco en directo de Maiden, *Live After Death*, que se vió acompañado por el vídeo homónimo correspondiente a dos de las cuatro noches en Long Beach, filmadas por Kim Yukich. El doble álbum fue número 2 en Gran Bretaña, mientras que el vídeo obtuvo esa misma posición en la lista de la revista musical norteamericana *Billboard*.

Los motivos que llevaron a la banda a publicar el doble disco en directo fueron varios: poner colofón a una etapa musical, permitirse un respiro personal y entregar a sus seguidores una grabación que recogía la verdadera intensidad de su repertorio, un factor que difícilmente podía capturarse en un estudio de grabación. En opinión de Harris «creo que siempre hemos tenido un problema en el estudio, que es recrear lo que hacemos en directo. Cuando escuchas la versión en directo de una de nuestras canciones, nueve de cada diez veces es mejor que la versión original grabada. Es muy difícil recrear esa misma atmósfera en el estudio.»

Tras el segundo tramo norteamericano, llevado a cabo entre el 23 de mayo y el 5 de julio de 1985, Iron Maiden habrían ofrecido ciento doce conciertos por Estados Unidos, a los cuales asistieron un total de un millón trescientos mil espectadores. Pero el rotundo éxito del *World Slavery Tour* infligió, sin embargo, una apabullante extenuación física y mental a los miembros del grupo, que en esta ocasión sí optaron por tomarse un merecido descanso.

No obstante, las actuaciones por Estados Unidos fueron un hito apreciado por una de las publicaciones musicales de referencia, la revista *Billboard*, que en su número de 3 de agosto de 1985 dedicó al quinteto británico nada menos que treinta y cinco páginas.

Este poco habitual despliegue informativo se iniciaba con un artículo a cargo del periodista Mick Wall titulado 'Detrás de la exitosa historia de Iron Maiden: no te pierdas con Maiden por las calles del mundo', intercalado por páginas y más páginas de agradecimientos de empresas que habían colaborado con la banda (Brilliant Constructions, Jensen Communications, ICM, The Great Southern Music Inc, Turbosound o Udo Artist, entre otras), sin olvidar a los propios Rod Smallwood, Andy Taylor y el sello EMI e incluso a la banda canadiense Queensrÿche, por la oportunidad de abrir los conciertos de los británicos. Todo esto acompañado de un buen número de fotografías, de las que cabría destacar la que muestra a Dave y Steve luciendo sendas camisetas en las que, con ironía, rezan los eslóganes «¡No somos una banda inglesa de rock!», en la del primero, y «Somos vendedores de productos dentales de Montana», en la del segundo, por aquello de prevenir el posible rechazo del público americano a una banda británica.

○ ○ ○

The Entire Population of Hackney, también conocidos como The Sherman Tankers, es el nombre bajo el cual miembros de Iron Maiden, FM y Urchin ofrecieron dos conciertos en 1985, semilla de ASAP, la posterior banda de Adrian Smith, una vez éste abandonase a Maiden en 1990.

Esta fugaz banda se reunió tras el *World Slavery Tour* a iniciativa de Nicko McBrain, quien propuso a Smith reunirse y dejar que la música fluyese por pura diversión. Al plan se sumaron los guitarristas Dave Colwell (Bad Company, Samson) y Andy Barnett (Visage) y el bajista Martin Connolly. Para animar la reunión, McBrain organizó dos conciertos, uno bajo el nombre de *The Entire Population of Hackney*, celebrado el 19 de diciembre de 1985 en el club Marquee de Londres, y otro con el de *The Sherman Tankers*. Al primero se sumaron improvisadamente Bruce Dickinson, Dave Murray y Steve Harris, colaboración que posteriormente serviría para que tres de las canciones interpretadas aquella noche fuesen recuperadas para el cancionero de la Doncella de Hierro: «Reach Out», que inspiró parte de «Wasted Years», mientras que «Juanita» y «That Girl» dieron lugar a «Stranger in a Strange Land».

El resto del repertorio de *The Entire Population of Hackney/The Sherman Tankers* incluyó temas de Urchin («See me Through», «Lady»), Iron Maiden («Losfer Words (Big 'Orra)», «2 Minutes to Midnight»), un par de versiones de ZZ Top («Chevrolet», «Tush») y Bob Seger (« Rosalie»), así como las piezas originales «Silver and Gold», «School Days», «When She's Gone» y «Fighting Man», recuperadas después por ASAP.

De la noche en el Marquee el sello Lizzard Records publicaría en 1986 un doble álbum pirata, titulado *The Whole Population of Hackney*, que incluía dos temas, «The Prisoner» y «Phantom of the Opera», grabados el 29 de junio de 1982 en el Palladium de Nueva York, durante la gira *The Beast on the Road*.

Vientos de cambio

«Me metí en sonoridades acústicas y quise hacer algo así como un disco 'desenchufado' con el siguiente de Maiden, años antes de que la MTV comenzase a hacerlo.»
Bruce Dickinson

La extenuación a la que los abocó el *World Slavery Tour* y el punto y aparte que significó el doble directo *Live After Death* en su discografía hizo que los miembros de Iron Maiden encarasen el futuro más inmediato de distinta manera.

Live After Death significó la guinda a una etapa de discos ejemplares y giras sin fin. Una constante y agotadora rutina que mermó físicamente al grupo, especialmente a Dickinson. De hecho, buena parte de las pistas que del directo se regrabaron con posterioridad en el estudio correspondían a las del cantante, a pesar de que Harris negase públicamente el amaño. Aún así, resultaba evidente que la voz de Dickinson había empeorado en relación con sus primeras actuaciones al frente de Maiden. Tal y como reconocería el bajista: «Evidentemente la gira fue más dura para él, cantando en registros altos durante dos horas cada noche, cinco o seis veces por semana.»

En compensación, el directo testimoniaba que Murray y Smith habían conformado un formidable tándem a las seis cuerdas. Riffs, armonías y solos que encajaban en la contundente base rítmica de Harris y McBrain. Así que *Live After Death* significó la coronación de Iron Maiden como la banda puntera del heavy metal de mediados de los años ochenta.

Tras el *World Slavery Tour* y con cinco discos de estudio publicados y otro más en directo en tan sólo seis años, Iron Maiden necesitaban detenerse y tomar perspectiva sobre su carrera. «Tras acabar una gira teníamos una semana de descanso antes de componer y ensayar el nuevo álbum y después directos a la siguiente gira mundial. Eso lo hicimos durante los primeros cinco o seis álbumes», recordaría Harris.

Al igual que otras bandas de éxito en la historia de la música moderna, como el caso de los Beatles, Iron Maiden se habían visto sometidos a una agenda excesiva: «Ahora tienes que componer durante seis semanas; y ahora grabar un disco en tres meses; y ahora preparar la gira en dos semanas; y ahora estar de gira durante ocho meses…», repasaría el cantante, aunque lo de los ocho meses de gira hubiese sido toda una suerte. «Me estaba volviendo loco. Trece meses en la carretera no era lo mejor para mi salud mental.» Las giras se habían convertido para Dickinson en algo así como vivir encerrado en una jaula de oro: «Para mí, girar no era suficiente. Salir y tocar frente a diez mil personas está muy bien, pero no es lo único que quiero hacer en la música. Estoy en la música porque quiero contar historias y quiero expresar a la gente lo que llevo dentro.»

Así que a finales de 1985 Dickinson le planteó formalmente a su representante que necesitaba adentrarse en una etapa de renovación física, mental y artística; nada drástico, pero sí substancial. Aún así, el plazo inicialmente establecido de descanso de seis meses tras la gira de *Powerslave* se convirtió en cuatro, lo que pilló al cantante sin fuerzas, admitiendo posteriormente haberse sentido por aquel entonces creativamente sin nada nuevo que ofrecer. En un intento por conducir al grupo hacia una nueva etapa que se apartase de lo previsible que hubiese sido continuar haciendo discos como *The Number of the Beast*, *Piece of Mind* y *Powerslave*, Dickinson apostó por las sonoridades acústicas: «¡Todo el mundo me miraba como si tuviese dos cabezas!» Harris reconoció años después que al cantante parecía que «se le había ido la pelota por completo.»

El planteamiento de Dickinson fue el de tomar como referentes discos de Led Zeppelin como *IV* o *Physical Graffiti*: «En aquel momento teníamos literalmente el mundo a nuestros pies, esperando el siguiente álbum. Sabía que la gente aceptaría y compraría la misma historia, aunque para mí sería algo decepcionante. Así que creí que había llegado el momento de hacer algo audaz y temerario.»

Sin embargo, el planteamiento radical de Dickinson fue rechazado por el resto de la banda, siendo Martin Birch el encargado de transmitirle la opinión de sus compañeros: «Pasaron de ellas, no porque fueran acústicas, sino porque no eran buenas. No fue una cosa premeditada. Bruce había escrito

grandes canciones para Maiden y ellos sabían que volvería a hacerlo. Sencillamente, aquellas no eran buenas.»

Harris comprendió que Dickinson fue el más perjudicado tras los once meses sin descanso del *World Slavery Tour*, pero, en la práctica, *Somewhere in Time*
no incluiría ninguna aportación de éste, recayendo su composición en el propio bajista y en Adrian Smith, ambos respaldados por Murray. Sin Dickinson,
y quizá aún así teniendo en mente su resquemor musical, entre los tres elabo-
raron un disco que, respetando la quintaesencia del grupo, significó un paso
adelante en cuanto a sonoridades. «Es lo bueno de tener excelentes compositores en la banda. Si uno falla, tienes otras personas que pueden hacerse cargo», admitiría Harris. Pero se había plantado la semilla que en 1993 daría
como fruto la marcha de Dickinson, quien más tarde opinaría del resultado
final de *Somewhere in Time*: «Hicimos otro disco más de Iron Maiden.»

Pero *Somewhere in Time* significó un punto de inflexión en relación a los
anteriores trabajos publicados por la banda. De hecho, en 1986, la experimentación y la búsqueda de nuevos sonidos conllevaron que el disco requiriese un
importante desembolso económico, al grabarse en distintos estudios: la composición y ensayos tuvieron lugar en Jersey; la sección rítmica, en los estudios
Compass Point de las islas Bahamas (según contaría Murray, la banda llegó a
los estudios Compass Point con tan sólo
seis nuevas canciones); las guitarras y la
voz se registraron en los Wisseloord de
Hilversum, Holanda, y las mezclas se
efectuaron en los Electric Ladyland de
Nueva York.

Somewhere in Time avivó la aportación
de Smith y mostró su importancia como
compositor para la banda. Muestra de ello
es «Wasted Years», uno de los mejores temas del disco, para el cual el guitarrista
tuvo «la idea dándole vueltas a la guitarra
sintetizada», en concreto un modelo de
la casa Roland. Para Smith «la tecnología

Somewhere in Time es el sexto álbum de la
banda, publicado en 1986.

está bien, mientras no pierdas el sentimiento». Harris revelaría que «Adrian
no quería que yo escuchase «Wasted Years» porque pensaba que era demasiado diferente. Adrian tiene, sin ninguna duda, un perfil comercial y «Wasted
Years» es un ejemplo de ello. Pero una buena canción es siempre una buena
canción, no importa como suene.»

Publicado el 29 de septiembre de 1986, y apoyado con el lanzamiento de los singles «Wasted Years» y «Stranger in Strange Land», ambos obra de Smith, *Somewhere in Time*, número 3 en Gran Bretaña y número 11 en Estados Unidos, tendría como principal apoyo otra colosal gira, si bien en esta ocasión de 'tan sólo' ciento cincuenta y siete actuaciones, ofrecidas entre el 10 de septiembre de 1986 y el 21 de mayo de 1987. La escenografía incluía varios elementos inflables, que, aunque vistosos, provocaron algunos incidentes: a veces no funcionaban, a veces tan sólo se erigía el dedo corazón de una mano, con lo que ello simboliza, y hubo alguna ocasión en la que se acumularon las desgracias y tras caer un foco se incendiaron parte de los inflables.

Si la novedad del anterior *World Slavery Tour* fue la de que hubiese dado comienzo en Polonia, el *Somewhere on Tour* comenzó en otro país habitualmente ajeno a las giras internacionales, Yugoslavia, que un lustro después estallaría en pedazos por culpa del conflicto de la Guerra de los Balcanes. La gira volvería a pasar por Polonia, seis conciertos repartidos entre el 19 y el 25 de septiembre, y, asimismo, por España, aunque en esa ocasión sólo en las dos grandes capitales, Barcelona (1 de diciembre, Palau d'Esports) y Madrid (2 y 3 de diciembre, Pabellón del Real Madrid).

Maiden vinieron hasta la península Ibérica acompañados por WASP y, como ya era costumbre por parte de los medios generalistas, fueron despreciados por la prensa, caso del diario *ABC*, que despachó la crítica del primer concierto en el Pabellón del Real Madrid en los términos siguientes: «Ingleses y tan profetas como puede exigírsele a un grupo de éstos. Escenario apabullante, luces masivas que se mueven formando una casa, una nave espacial... Humos, bombas y proyectores de luz disparados contra una audiencia que no necesitaba gran cosa para excitarse. Iron Maiden son primera clase simplemente porque atisban melodías, las guitarras son inteligibles y desarrollan su *vis* pastoral con entrega y solicitaciones constantes. Con todo, lo mejor era la chaqueta de Bruce Dickinson, el cantante. Repujada en bombillas que se encendían alternativamente, portaba sobre el pecho un círculo rojo (el corazón, claro) que también se encendía y apagaba al ritmo de pom-pom. En esa chaqueta, digna de nuestro Juanjo Rocafort, se resumía la totalidad del invento: el aturdimiento ambiente y sonoro sólo puede ser matizado por el estupor ante lo tremendo o lo raro o lo pintoresco. La música no importa, importa el truco.»

Por su parte, *La Vanguardia* ni siquiera publicó reseña alguna y se limitó a hacer una escueta e indirecta referencia del concierto, aludiendo al quinteto en un artículo que apuntaba los conciertos de aquella semana: «Un conjunto tan visto y oído como Iron Maiden, que hace tiempo que ha dicho en rock todo lo que tenía que decir (y lo ha dicho incluso en Barcelona misma).»

El *Somewhere on Tour* comenzó en un país habitualmente ajeno a las giras internacionales por aquel entonces, Yugoslavia.

4. Nuevos horizontes

En 1988 Iron Maiden continuaron el camino de evolución sonora que habían iniciado con *Somewhere in Time*. En su siguiente álbum, *Seventh Son of a Seventh Son*, las guitarras sintetizadas dieron paso a los teclados, instrumento que muchas bandas de hard rock e incluso heavy metal habían finalmente acogido. Queen, después de haber dejado constancia en sus primeros discos de que no usaban sintetizadores, los adoptaron en *The Game* (1980), mientras que Def Leppard se valieron de ellos profusamente en su obra magna *Hysteria* (1987). Hasta los fans puristas de Judas Priest tuvieron que aceptarlos después de que la banda de Birmingham los incluyese en su discutido, pero bien aceptado a la postre, *Turbo* (1986).

Evolución, cierto grado de hastío, amplitud de miras propias de creadores genuinos y también la asimilación de las nuevas corrientes musicales llevaron a Iron Maiden hacer uso de los sintetizadores sin tener que perder su esencia. Y, francamente, lo lograron, haciendo de *Seventh Son of a Seventh Son* uno de sus discos más apreciados por sus seguidores en la actualidad.

Para Dickinson, *Somewhere in Time* resulta un disco de transición, mientras que *Seventh Son of a Seventh Son* es un trabajo mucho más completo: «Maiden pasó de ser un grupo de metal radical a ser un grupo de metal progresivo, o, al menos, un grupo con aspiraciones de rock progresivo.» Sin embargo, Maiden tuvieron que volver a escuchar algunas opiniones contrarias al hecho de usar sonidos sintetizados. «Recuerdo tener que justificarnos con *Seventh Son of a Seventh Son* por utilizar guitarras sintetizadas», declararía años después Harris, quien, por contra, reconocería que «sólo escribimos las mejores canciones posibles e intentamos ser sinceros acorde a lo que pensamos en ese momento. Al final del día no puedes arrepentirte de lo que has hecho, tan sólo tienes que concentrarte en escribir la mejor canción posible.»

La banda comenzó a trabajar en el nuevo disco en casa de Harris de Essex, donde hubo «un buen ambiente de trabajo», según revelaría Dickinson, quien, a su vez, se reuniría en un par de ocasiones con Smith. Después, la producción del disco, a cargo una vez más de Martin Birch, se llevó a cabo en Alemania durante los gélidos meses de febrero y marzo de 1988, en los estudios Musicland de Munich. Construídos por el productor italiano Giorgio Moroder a finales de los años sesenta en los sótanos del edificio Arabella High Rise y con Reinhold Mack como ingeniero y productor residente, por los Musicland habían pasado anteriormente bandas como Queen, Led Zeppelin, Rolling Stones, Deep Purple o Rainbow.

Harris marcó la directriz de disco 'conceptual' tras la lectura de *Seventh Son* (1987), novela fantástica del norteamericano Orson Scott Card y primer título de la saga de seis libros *Los cuentos de Alvin Maker*. Alvin era el séptimo hijo varón de un séptimo hijo varón dotado de unos poderes mágicos que lo convertían en un 'Hacedor'. En el desarrollo

Seventh Son, séptimo álbum del grupo.

del disco resultó primordial Dickinson, lejos de amedrentarse por haberse visto apartado del proceso de composición durante el anterior *Somewhere in Time*. A bajista y cantante se les sumaría Smith, y entre los tres escribieron uno de los discos más logrados de la Doncella de Hierro. Uno de los ejemplos más brillantes de la colaboración entre los tres fue «Can I Play with Madness», tal y como explicaría Dickinson más tarde: «La parte inicial, el riff con reminiscencias de Pete Townshend, lo saqué con una guitarra acústica en casa. Después vino Adrian con algunos acordes y pensé: Espera un segundo, tengo una letra que se ajusta a eso, así que nos sentamos y trabajamos en esa idea. Luego propuse: ¿Puedo añadir una parte instrumental en mitad del tema? porque habitualmente no aporto cosas instrumentales, y Steve trajo el ritmo a lo Zeppelin, aunque cuando Nicko lo escuchó dijo: No pienso hacer eso, ¡es demasiado radical!»

En opinión de Harris, «Can I Play with Madness« era una de las mejores canciones que la banda había escrito desde 1984, junto a las también nuevas composiciones «The Clairvoyant« (inspirada en la muerte de la vidente Doris Stokes), «Infinite Dreams», en la que Dickinson reconoce la influencia de Jimi Hendrix, y la que daba título al disco, «Seventh Son of a Seventh Son».

Sin más ayuda a los teclados que las de Smith, Harris o cualquiera de los miembros del equipo técnico del estudio (aunque en directo recurrirían a

Michael Kenney, desde siempre hombre de confianza y técnico encargado del bajo de Harris), la banda trabajó en *Seventh Son of a Seventh Son* intensamente en casa de Harris, convirtiéndolo en el disco 'progresivo' que todos conocemos. Dickinson lo definió como «una versión heavy metal de *The Dark Side of the Moon*» y como el disco con el que Maiden mostraron «el camino del heavy metal para los años noventa.»

Seventh Son of a Seventh Son suministraría tres nuevos temas a las listas de singles: «Can I Play with Madness», «The Evil that Men Do» y «The Clairevoyant», números 3, 5 y 6 en Gran Bretaña, respectivamente. El resto del disco era igual o aún más pletórico: «Infinite Dreams», «Moonchild», «The Prophecy», «Seventh Son of a Seventh Son»… De hecho, *Seventh Son of a Seventh Son* es uno de los títulos de la discografía de Maiden predilectos de Harris: «Tiene una auténtica influencia del rock progresivo de los años 1970, siendo una continuación de todo ello.»

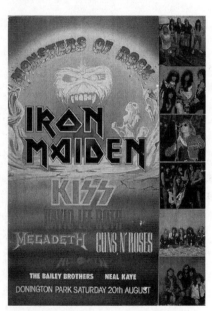

Publicado el 11 de abril de 1988, *Seventh Son of a Seventh Son*, número 1 en Gran Bretaña y número 12 en Estados Unidos, se convirtió en el álbum más vendido de Maiden, aunque no en Estados Unidos, donde el giro estilístico no fue bien entendido por los seguidores de la banda. Así, mientras ésta tocaba por Europa y encabezaba el festival *Monsters of Rock*, al otro lado del Atlántico *Seventh Son of a Seventh Son* despachaba 1,2 millones de copias, ochocientas mil unidades menos respecto a *Somewhere in Time*: «Creía sinceramente que era nuestro mejor disco desde *Piece of Mind* –diría Harris– Recuerdo

Cartel anunciador del *Monsters of Rock* del año 1988.

que pensé: ¡Jodidos americanos! No nos entienden.» Para algunos, la menor repercusión del disco en Estados Unidos fue la primera señal del fin de la etapa dorada de Iron Maiden.

● ● ●

Seventh Son of a Seventh Son contó con una breve gira internacional de noventa y ocho conciertos, repartidos entre el 28 de abril y el 12 de diciembre de aquel mismo año por Estados Unidos y Europa, denominada *Seventh Tour of a Seventh Tour*. Aquellas actuaciones demostraron que Iron Maiden eran primerísimas figuras, a las que teloneaban artistas del calibre de David Lee Roth, Anthrax, Megadeth, Guns n' Roses, Frehley's Comet (la banda de Ace Frehley, exguitarrista de Kiss) o WASP, además de Helloween, Killer Dwarfs, Ossian, Trust, Great White, L.A. Guns, Backstreet Girls y Savatage.

Uno de los momentos culminantes del *Seventh Tour of a Seventh Tour* fue la participación de Maiden en el *Monsters of Rock* como cabezas de cartel. Celebrado el 20 de agosto de 1988, la novena edición del festival contó también con Kiss, David Lee Roth, Megadeth, Guns' n' Roses y Helloween, todos ellos vistos por ciento siete mil espectadores. Además, aquel año el festival tuvo carácter itinerante, estando presente, además de en Inglaterra, en países europeos como Alemania (27 y 28 de agosto, en Schweinfurt y Bochum), Holanda (4 de septiembre, Tilburg), Italia (10 de septiembre, Modena), Francia (24 y 25 de septiembre, París) y España. Este periplo resulta hoy en día una prueba palpable del tremendo alcance que el heavy metal consiguió en los años 1980.

Como testimonio de los conciertos de 1988, el quinteto publicaría *Maiden England*, vídeo filmado durante los días 27 y 28 de noviembre en el National Exhibition Centre de Birmingham y que en 2013 recogería el DVD *Maiden England'88*, el cual también incluiría el vídeo *12 Wasted Years*, así como la tercera entrega de *The History of Iron Maiden*.

○ ○ ○

Como parte de la citada franquicia del festival *Monsters of Rock*, en 1988 Iron Maiden volvieron a pasar por España, ofreciendo tres actuaciones que tuvieron lugar el 17 de septiembre, en la Plaza de Toros Monumental de Pamplona; el 18 de septiembre, en el Rockódromo de la Casa de Campo de Madrid, y el 22 de septiembre, en la Plaza de Toros de Barcelona.

Junto a ellos, fastuosos cabezas de cartel, el evento incluiría a Metallica, Helloween y Anthrax como artistas foráneos, mientras que Manzano cubrieron la representación estatal.

A la fecha madrileña, con entradas a dos mil pesetas (12 euros), acudieron entre veinticinco y treinta mil personas, atraídas por los doscientos cincuenta mil watios de sonido y los seiscientos mil de luces de los que se valieron las cinco formaciones para descargar sus respectivos repertorios. La crítica de *ABC* fue en su conjunto tibia y desconocedora, como de costumbre. De Manzano dijo que fue «tan agradablemente acogidos como despedidos»; de Anthrax, que como colofón a su actuación interpretaron un «heavy-rap poco habitual en un género de límites tan estrechos»; defenestró a Helloween, argumentando que «su música era un lío, las composiciones, aburridas, y su imagen ininteresante», y mejor parados dejó a Metallica, pues según la crónica «sacaron su conocida velocidad y con ellos se pudieron agitar más puños y corear con más grito, un gesto inagotable de este preciso público.» Por último, la sucinta opinión sobre Iron Maiden fue la de «por supuesto, fueron los mejores, pero ya les conocíamos. Fueron ellos.»

El País comentaría a la mañana siguiente del concierto en la capital: «Bajo los gritos de ¡Maiden, Maiden!, los británicos ofrecieron su heavy ortodoxo, sencillo y, por lo que se vio anoche, tremendamente eficaz. Fueron los únicos que se permitieron esa espectacularidad inseparable al heavy y que para el público es tan importante como la música. Con ellos alcanzó su punto más intenso una ceremonia mil veces oficiada, que musicalmente progresa muy lentamente, al menos por lo visto en Madrid, pero que resulta efectiva por la comunión que logran con un público que desde el principio se convirtió en el principal protagonista de la noche.»

Espectacular escenografía para la puesta en escena del *Seventh Tour of a Seventh Tour*.

En cuanto a la crítica que despertó el paso del festival por Barcelona, al que asistieron dieciocho mil espectadores, *La Vanguardia*, –que en un artículo aparecido dos días antes del evento intercambiaba las nacionalidades de Helloween y Metallica («Anthrax y Helloween, norteamericanos –de Nueva York y Los Angeles, respectivamente–, Metallica, germano-occidentales...»)– habló sobre los Maiden en términos generales y con tópicos que esquivaban el entrar en materia: «... con una puesta en escena absolutamente espectacular: un decorado cartón piedra que recuerda los paisajes encantados de los cómics de 'espada y brujería', de héroes y demonios. Grutas, cielos tenebrosos, columnas de fuego y tótems barrocamente iluminados. Los británicos llevan años trabajándose la imagen tópica del heavy-metal y lo suyo más parece puro márketing. Pueden surgir como por ensalmo tras una explosión cegadora o hacer que aparezca un horrible monstruo gigantesco que se mueve amenazador. Bruce Dickinson, el vocalista, es capaz de trepar por la estructura de mecanotubo hasta diez metros sobre el suelo para arengar a la muchedumbre, que le responden al mínimo gesto. Derrocha dotes de *showman* y buen humor, hasta con un cierto toque de escepticismo sangrante (...) A pie de escenario, protegido por estoicos vigilantes, los altavoces escupían decibelios, empujando masas de aire que golpean el cuerpo con el efecto de una taquicardia e hinchan las venas de las sienes. Se descargó adrenalina a chorros, lo suficiente para aguantar tranquilo un mes, por lo menos. O hasta el próximo concierto.»

Caminos separados

«Creo que el mayor cambio fue hacia 1989, cuando Maiden
parece que se convirtieron en una banda madura.
Dejamos de ser la banda de *"The Number of the Beast"*, *"Piece of Mind"*, *"Powerslave"*
y *"Live After Death"* y todo dejó de ser excitante.
Comenzó a ser en plan: ¿Otro disco de Iron Maiden? Bueno, hagámoslo.»
Bruce Dickinson

Durante el largo descanso que la banda se tomó a la finalización del *Seventh Tour of a Seventh Tour*, en diciembre de 1988, y justo antes de su entrada en el estudio para grabar el que sería su octavo álbum, en junio de 1990, Adrian Smith aprovechó para dar salida a sus propias canciones mediante el álbum *Silver and Gold*, producido por Stephen Stewart-Short, bajo el epíteto

'Adrian Smith and Project', o ASAP acrónimo con el que fue habitualmente conocido, un grupo de viejos amigos, como el anteriormente citado Dave Colwell, el también guitarrista Andy Barnett (excompañero de Smith en Urchin), el teclista Richard Young, el bajista Robin Clayton y el batería Zak Starkey, hijo del legendario Ringo Starr. El disco, a pesar de que tuvo su presentación en Estados Unidos, pasó desapercibido. Según el propio Smith, «no era lo suficiente metal para los fans y el que yo hubiese estado en Maiden no bastó para romper el hielo.»

Adrian Smith and Project, o ASAP acrónimo con el que fue habitualmente conocido.

A pesar de que su contribución en los dos últimos discos de Maiden había sido substancial, Smith se sentía descontento con las actuaciones: «Solíamos tocar las canciones demasiado rápido. Dejaba el escenario con el público completamente loco, pero no me sentía satisfecho.» Harris, por su parte, recordaba: «Salíamos del escenario después de un jodido gran concierto y Adrian se apartaba, decepcionado porque el sonido no había estado bien o por cualquier otra cosa.» También recordaba el bajista que «por entonces ya no hacíamos pruebas de sonido y en el último tour él era el único que la hacía durante horas. No sé cómo quería sonar.»

Años después, con la perspectiva que permite el paso del tiempo, Smith reflexionaría sobre su marcha: «Lo que pasó es muy sencillo: estaba cansado de estar en Iron Maiden. Ya no se me ocurrían ideas y me centré en ASAP; y aunque no gané un centavo con ellos, lo cierto es que me divertí más y me sentí mucho mejor que con Iron Maiden. No era algo insoportable, de hecho pude haber continuado, pero de forma rutinaria, como quien va al trabajo todos los días; y esa no es la manera en la que se está en un grupo. Ya no tenía ninguna ilusión por Maiden y la idea de tener que volver a tocar durante otros nueve meses «Run to the Hills», «Two Minutes to Midnight» o «The Trooper» se me hacía muy cuesta arriba. Steve se dio cuenta y tuvimos una reunión en Londres. Le expliqué que no sentía la misma ilusión que antes. Nos dimos un apretón de manos y nos deseamos suerte. Al menos, la despedida fue amistosa y cordial, sin reproches ni problemas de trasfondo. Nos prometimos mutuamente seguir en contacto, y lo hicimos.»

ASAP resultaría la continuación natural de los ya citados The Entire Population of Hackney y sirvió para que Smith diese rienda suelta al hard rock con toques progresivos que eran más acordes a su percepción musical. Precisamente, ésta fue la que le acabaría apartando de Iron Maiden, al no sentirse cómodo con los planteamientos de Steve Harris para *No Prayer for the Dying*, para el cual el bajista, tras la experimentación que habían comportado *Somewhere in Time* y *Seventh Son of a Seventh Son* decidió volver al sonido tradicional de Maiden (aún así, *No Prayer for the Dying* contendría un tema que Smith había compuesto junto a Dickinson, «Hooks in you»).

Tras el proyecto fallido de ASAP, Smith se centró en su familia y optó por dejar los escenarios entre 1990 y 1993, a excepción de una aparición especial el 22 de agosto de 1992 en el festival de Donington para interpretar junto a sus excompañeros «Running Free» (ocasión que quedaría recogida en el álbum en directo *Live at Donington*, de 1993). Otra prueba de su buena relación con el quinteto, entre 1995 y 1996, y de las cenizas de los efímeros The Untouchables, formados en 1992, Smith y su banda Psycho Motel telonearían a Maiden en la gira The X Factour, formación de hard rock progresivo por la que pasarían los bajistas Jamie Stewart –ex The Cult y ex Untouchables- y Gary Leideman, los guitarristas Carl Dufresney Huwey Lucas –ambos también ex Untouchables–, los cantantes Andy Makin y Hans Olav Solli –ex Sons of Angels- y los baterías Mike Sturgis –ex Wishbone Ash y ex Asia– y Bob Richards –ex Untouchables–. Junto a ellos, Smith publicaría dos álbumes, *State of Mind* (1995) y *Welcome to the World* (1997): «Son dos discos muy diferentes, porque hay cantantes diferentes en cada uno. En el primer disco había un chico noruego, Solli, que estaba en una banda llamada 21 Guns. Hicimos una gira por Europa, pero no pudo seguir con nosotros por cuestiones personales. Se divorció y además vivía en Noruega, lo que complicaba el tema. Así que tuvimos que buscar a otro cantante. Así es como encontramos a Andy, un chaval de veintiséis años con el que hicimos el segundo disco. Andy aportó una influencia más actual al grupo. Yo me propuse hacer algo retro basado en mis influencias de Hendrix y Led Zeppelin. En el primer disco con Solli, había un estilo más a lo Robert Plant, mientras que en el segundo Andy sonaba más a Alice in Chains y Soundgarden. Me gusta mucho el segundo disco, aunque el primero es igual de bueno.»

A pesar de las ganas del grupo, los discos no tuvieron la repercusión comercial suficiente y a comienzos de 1998 Smith se uniría a Dickinson para grabar y girar con el disco *The Chemical Wedding*, en el que, además, el guitarrista participa como compositor en tres temas, «Killing Floor» (single del disco), «Machine Men» y «Return of the King», incluído éste en la edición limitada del álbum.

○ ○ ○

Siendo el que primero y más había acusado el esfuerzo físico y mental que implicaron las extenuantes y dilatadas giras del grupo, Bruce Dickinson también quiso aprovechar los meses de asueto que se tomaron Maiden para cambiar de aires y probar fortuna por su cuenta, grabando su primera canción al margen de la banda, «Bring Your Daughter to the Slaughter», que tendría una espléndida promoción al ser incluída en la banda sonora de la película *Pesadilla en Elm Street 5, El niño de los sueños*. Hay que señalar que esta idea le fue planteada en un principio al grupo, siendo rechazada por Harris al verse involucrado en la postproducción del vídeo *Maiden England*.

Para la grabación de «Bring Your Daughter to the Slaughter» Dickinson contó con el avezado productor Chris Tsangarides (Anvil, Thin Lizzy, Judas Priest, Black Sabbath, Ozzy Osbourne, Y&T…) y una banda formada por el bajista Andy Carr, el batería Fabio del Rio y el guitarrista Janick Gers (Janick Robert Gers, 27 de enero de 1957, Hartlepool, Inglaterra), quien hasta entonces había sido miembro de White Spirit, Gogmagog y las respectivas bandas de Ian Gillan y de Fish, el cantante original de Marillion.

La canción y ese pequeño grupo de colaboradores, de los que resultó determinante Gers, fueron el preludio formal para que Dickinson se aventurase a grabar su primer disco en solitario, *Tattooed Millionaire*. Compuesto junto a Gers en el apartamento que el guitarrista tenía en el barrio de Hounslow,

Bruce Dickinson se aventuró a grabar su primer disco en solitario, *Tattooed Millionaire*.

en el suroeste de Londres, y grabado y producido en 1989 en los estudios Battery, *Tattooed Millionaire* se publicó el 8 de mayo de 1990, cinco meses antes de *No Prayer for the Dying*, para el cual el propio Harris propuso al cantante regrabar «Bring Your Daughter to Slaughter», a la postre segundo single del disco de Maiden y primer número 1 del grupo en Gran Bretaña.

Volviendo a la tentativa en solitario de Dickinson, ésta incluiría una gira promocional de cuarenta y un conciertos por Europa (del 19 de junio al 12 de julio), Estados Unidos y Canadá (del 14 de julio al 14 de septiembre) que no sólo contó con el beneplácito de Harris, sino que la aprobación de éste se hizo extensible a Gers, que acabaría ocupando la vacante de Smith.

A pesar de todo, Dickinson, al menos hablando en retrospectiva, no consideró *Tattooed Millionaire* como un proyecto ambicioso, sino simplemente como «un álbum de rock'n'roll», añadiendo que «si alguien estaba atravesando una etapa en la que buscaba hacer algo más profundo ése era Adrian, no yo.» Otra prueba de que aún entonces no consideraba formalmente abandonar Maiden fue su inesperada vocación de escritor, lo que se materializó aquel mismo 1990 con la publicación de *The Adventures of Lord Iffy Boatrace*, una novela satírica que narra las aventuras de un travestido terrateniente burgués. A pesar de todo, por entonces Smallwood le comentaría medio en broma medio en serio a Harris: «Espero que no nos joda dejándonos en la estacada, porque en estos momentos encontrar otro cantante sería una putada.»

Portada de la novela satírica de Bruce Dickinson *The Adventures of Lord Iffy Boatrace*, que narra las aventuras de un travestido terrateniente burgués.

No Prayer for the Dying

«No diría que No Prayer for the Dying es nuestro mejor álbum,
pero tampoco diría que es el peor.»

Steve Harris

Durante los primeros meses de 1990, Iron Maiden remataron las sesiones
de grabación de su nuevo disco al mismo tiempo que Harris editaba el vídeo
Maiden England. La idea original era la de encarar la composición de nuevos
temas entre los meses de enero y marzo de 1990 en el estudio Barnyard, que
Harris había hecho construir en su casa de Essex, condado situado al noroeste de Londres, y en primavera trasladarse a los estudios Battery de Londres
para grabar el álbum. Que Dickinson estaba comprometido con la banda
a pesar de sus escarceos musicales y literarios lo demostró el hecho de que
en una jornada inspirada escribió junto a Harris tres temas, «Tailgunner»,
«Run Silent Run Deep» y «Holy Smoke».

Animado por tal logro, el bajista cambió los planes y decidió que el disco
se grabase íntegramente en su casa, hasta donde hizo enviar una unidad móvil del Rolling Stone Studio, que en el pasado habían utilizado, entre otros,
grupos como Led Zeppelin (*III, IV, Houses of the Holy* y *Physical Graffiti*),
Deep Purple (*Machine Head, Who do We Think We Are* y *Burn*), Status Quo
(*Live!*) o los mismos Stones (*Sticky Fingers* y *Exile on Main St.*).

Harris, además, insistió en recuperar el espíritu de los primeros álbumes:
«*No Prayer for the Dying* fue realmente un disco en directo hecho en estudio.
Si hubiésemos metido una pista con público muchos habrían pensado que se
trataba de un álbum en directo. Así es como lo hicimos: crudo, fresco y rápi-
do.» Según reconocería Dickinson: «La idea era hacer lo opuesto a *Seventh
Son*. Algo callejero, actual y que sonase bien.»

Pero la reivindicación de espontaneidad no fue suficiente para Smith, aún
miembro de la banda durante los primeros días de enero de 1990: «Pensaba que íbamos en la dirección correcta con nuestros dos últimos discos
y que necesitábamos ir hacia adelante.» Según recordaría Harris: «Adrian
se mostraba negativo ante muchas cosas. Parecía haber perdido el interés
por todo.» Smith trabajaría con el resto de la banda en los temas «Hooks
in You», «Holy Smoke», «Public Enema Number One» y «The Assassin»,
pero llegó un punto en el que era evidente que la situación entre banda y
guitarrista no podía continuar y se produjo la ya citada reunión en la que

«respiré profundamente y durante una hora les dije cómo me sentía.» Smith reconoció que, a pesar de todo, estaba al noventa por ciento con la banda, pero Harris le respondió que para estar en Iron Maiden había que estar al doscientos por cien.

Tras la renuncia de Smith, Dickinson se puso en contacto con Gers. Parecía el hombre indicado («Buen guitarrista, bueno en el escenario, un buen tipo», según lo definiría el cantante), así que le propuso «¿Podrías aprenderte algunos temas de Maiden?», a lo que Gers respondió «No», puesto que Dickinson había acordado con su banda de acompañamiento no tocar ningún tema de Maiden. Una vez aclarado el motivo de la propuesta, Gers revisó «The Trooper», «Iron Maiden», «The Prisoner» y «Children of the Damned». Al día siguiente de la llamada, Gers acudió a la audición y tras la primera canción, «The Trooper», mientras sus manos aún temblaban por el subidón de adrenalina, Dickinson dijo: «¡Mierda! ¡Qué bien sonamos!»

No Prayer for the Dying, octavo disco de Iron Maiden.

Tras la incorporación de Gers la banda tardó sólo tres semanas en completar *No Prayer for the Dying*, gracias en buena parte a la excelente disposición del guitarrista, tal y como explicaría Harris: «Grabar con Janick es interesante. Puedes conseguir que lo haga en una o dos tomas; más le resulta aburrido.»

○ ○ ○

Si bien las mezclas del álbum se llevarían a cabo en los estudios Battery, Martin Birch, por entonces prácticamente retirado del negocio musical, aceptó producir *No Prayer for the Dying*, aunque a regañadientes por tener que hacerlo con la unidad móvil. Años después, Dickinson revelaría: «Todo el mundo le decía ¡No, no, no, será genial! y Martin acabó haciéndolo lo mejor que pudo», si bien «por lo que a producción se refiere, es uno de nuestros peores discos.» Para McBrain «ese álbum no tenía el mejor de los sonidos, ¡pero es que lo habíamos grabado en un jodido estudio móvil!»

No Prayer for the Dying se publicó el 1 de octubre de 1990, alcanzando el número 2 en Gran Bretaña y el número 17 en Estados Unidos. Aún mejor suerte corrieron los dos singles que de él se extrajeron, los mencionados temas «Holy Smoke» y «Bring Your Daughter to Slaughter», número 3 y número 1 respectivamente en Gran Bretaña. El éxito de ambos sencillos, especialmente el del segundo, convencieron a Harris de que «estábamos haciendo lo correcto» y que después de que algunos fans se hubiesen mostrado reacios a los dos anteriores discos, con *No Prayer for the Dying* «se alegraron de que volviésemos a un estilo más agresivo y poderoso.»

La consecuente gira de promoción, bautizada como *No Prayer on the Road*, se llevó a cabo entre el 19 de septiembre de 1990 y el 21 de septiembre de 1991, planteándose como una serie de conciertos de menor envergadura que las anteriores. Incluso los ofrecidos en Gran Bretaña se hicieron en locales de aforo medio, en busca del bagaje sonoro de los primeros tiempos, por lo que el decorado escénico mermó en favor del equipo de sonido. «El escenario de *Seventh Son* se nos fue un poco de las manos, así que decidimos hacer una gira por clubs», una declaración de Harris sobre la que Dickinson añadiría: «Nos habíamos olvidado de la música.»

La gira internacional abarcaría 'tan sólo' ciento seis fechas, repartidas por Europa, Japón, Estados Unidos y Canadá, países estos dos últimos en los que la afluencia de público fue notablemente inferior respecto a visitas anteriores.

España quedó, una vez más, incluída en el itinerario, con sendas actuaciones y entradas a dos mil quinientas pesetas (15

Póster promocional *No Prayer on the Road* 1990-1991.

euros) en Barcelona (21 de octubre, Palau d'Esports), Madrid (25 de octubre, Palacio de Deportes) y San Sebastián (27 de octubre, Velódromo de Anoeta).

Acompañados por Anthrax en las tres ciudades, la actuación en Madrid ante diez mil personas suscitó críticas encomiables por parte de la prensa generalista, recibiendo elogios desde las páginas de *El País*: «El quinteto de Nueva York se escapa de los arquetipos del heavy porque, aunque mantiene su dureza, aporta hallazgos de gran riqueza musical. Con unos arreglos muy cuidados, la labor de los guitarristas Dan Spitz y Scott lan es excelente por la imaginación, la precisión y la compenetración de su trabajo. Las improvisaciones de Spitz son originales por su permanente coqueteo con la atonalidad, la heterodoxia de Scott tiene fundamento, la voz de Belladona es sugestiva, y Bello y Benante forman una base rítmica convincente.»

Por el contrario, en el caso de Maiden la opinión fue más restrictiva: «Su estilo se ajusta a los cánones del heavy más ortodoxo, con textos que se inspiran en leyendas y una música épica, con las resonancias clásicas que también impulsaron al rock sinfónico. Más repetitivos y menos abiertos que Anthrax, los Maiden representan la fidelidad a un espíritu que nació hace muchos años, pero que se mantiene puro, gracias a unos seguidores que, con su energía y entrega, convierten la música en una noche para la catarsis.»

Fear of the Dark

«Siempre hemos hecho lo que creemos que es lo correcto
y lo hicimos también en los noventa cuando el grunge era muy popular
y la gente no quería escuchar ni rock ni heavy metal.
Incluso cuando muchos medios te decían directamente que
no iban a darle cancha al rock nunca más, nosotros seguimos girando,
lo que supongo es una de las razones de seguir aún aquí.»
Janick Gers

Publicado el 11 de mayo de 1992, *Fear of the Dark* pasaría a la historia como el último disco en el que participaría Dickinson antes de iniciar su particular éxodo musical de siete años. También fue el último en el que Martin Birch se encargó de las funciones de producción, si bien al alimón con Steve Harris, puesto que poco después decidiría retirarse de la industria musical definitivamente.

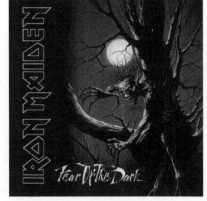

Hubo, no obstante, una retirada más inmediata, que fue la de Derek Riggs como diseñador de la banda, siendo substituído por Melvyn Grant. Su elección, debido a que Riggs no supo plasmar las ideas de Harris para la nueva portada, coincidió

Carátula del álbum *Fear Of The Dark*, noveno disco de Iron Maiden.

con la voluntad del bajista de grabar un disco que mejorase los resultados del anterior, *No Prayer for the Dying*, y resulta evidente que Maiden se pusieron las pilas al conseguir que *Fear of the Dark* superase holgadamente a su predecesor, como lo atestiguan dos de los tres singles del disco: «Be Quick or Be Dead», número 2 en Gran Bretaña; «From Here to Eternity», número 21, y «Wasting Love», la primera balada del cancionero del quinteto. También merece destacarse «Afraid to Shoot Strangers», una de las piezas con las que Maiden recogían el pulso de los tiempos; en este caso, el tema, según explicaría Dickinson, se inspiraba «en la gente que lucha en la Guerra del Golfo y en lo asquerosa que puede ser una guerra creada por los políticos y que debe acabar la gente común que, en realidad, no quiere matar a nadie.»

En el proceso de composición del disco tuvo mucho que ver el recién incorporado Janick Gers, imbuido en una clara influencia por la tradición musical de grandes grupos del hard rock británico, léase Deep Purple y Led Zeppelin, llegando a intervenir en cinco de las doce nuevas canciones. La entrada en la banda supuso un reto para Gers en muchos aspectos: «Se pusieron en contacto conmigo y me preguntaron si quería probar con ellos. Para mí también fue algo triste, porque no sabía si Adrian sabía lo que estaba pasando. Hoy en día procuramos no mencionar nunca el tema. Ensayamos varias veces y como nos sentíamos cómodos me dijeron si me quería unir. Para ser sincero, para mí fue difícil porque jamás había tocado con otro guitarrista, así que al principio llegué a pensar que no funcionaría.»

Algo muy distinto al papel que Murray ha tenido siempre desde el punto de vista creativo: «Tengo material que he escrito en casa, pero, por ahora, cuando dispongo de tiempo libre lo dedico a la familia más que a trabajar en él. Eso no quiere decir que más tarde o más temprano no quiera hacer algo con ello, pero por ahora soy feliz con las cosas que hace la banda.»

Fear of the Dark, considerado por la revista musical *Billboard* como «un retorno a los orígenes para Iron Maiden», tiene otros buenos momentos, como los proporcionados por Harris en «The Fugitive» o «Afraid to Shoot Strangers», que le confieren un patrón sonoro que lo diferencia del sonido habitual de la banda. Ese propósito por cambiar de rumbo le valió a la banda el Grammy a la mejor actuación de Metal. No obstante, conseguir premios nunca ha estado entre las prioridades de Maiden, tal y como reconocería Gers: «En realidad, nunca he tenido como meta ganar un Grammy. Es sólo un regalo que la gente te da. Es bueno tenerlos, claro, pero no estoy en este negocio para ganar un Grammy o para ingresar en el Salón de la Fama del Rock and Roll. No me interesa en absoluto. Lo que sí quiero es tocar buena música y estoy seguro de que el resto de mis compañeros piensa igual.»

Grabado entre finales de 1991 y abril de 1992 de nuevo en el estudio propiedad de Harris, *Fear of the Dark*, número 2 en Gran Bretaña, también implicó abandonar otro de los hábitos que hasta la fecha había practicado el quinteto, y es que su lanzamiento fue anterior al inicio de la gira promocional, en este caso el *Fear of the Dark Tour*, puesto que comenzó tres semanas después de su publicación, el 11 de mayo de 1992, prolongándose hasta el 4 de noviembre de ese mismo año. Teóricamente, fue la gira más breve que la banda había realizado hasta entonces, tan sólo sesenta y cinco fechas, aunque en la práctica quizás debería de sumársele el posterior *Real Live Tour*, que se desarrolló entre el 25 de marzo y el 28 de agosto de 1993, y que a la postre fueron los últimos conciertos de Dickinson hasta su retorno a finales de la década.

Del *Fear of the Dark Tour* cabe destacar algunas de sus fechas, como la participación como cabezas de cartel en el festival *Monsters of Rock* de Donington, concierto

Iron Maiden en el *Fear of the Dark Tour*.

al que invitaron a Adrian Smith para interpretar «Running Free», además de la primera gira por Sudamérica, que arrancó en Argentina el 25 de julio en el Estadio Ferrocarril Oeste de Buenos Aires, fecha en la que se produjo un enfrentamiento entre algunos jóvenes y los miembros de seguridad minutos antes de que el grupo saliese al escenario: «Recuerdo muy bien nuestra primera visita a Buenos Aires –declararía Steve Harris años después– Nos quedamos helados con la reacción de la audiencia. Siguió siendo así en las siguientes veces. Son uno de los mejores públicos del mundo, si no el mejor.»

Aquel viaje por el cono sur americano también incluyó Uruguay (28 de julio, Estadio General Artigas de Montevideo, fecha que tuvo lugar tras la suspensión de la prevista en Chile), Brasil, con Thunder como teloneros (31 de julio, Gimnasio Maracanazinho de Rio de Janeiro, sede durante años del certamen de Miss Brasil; 1 de agosto, Estadio Palmeiras de Sao Paulo, y 4 de agosto, Gigantinho, de Porto Alegre), Puerto Rico (26 de septiembre, Estadio Juan Ramón Loubriel de Bayamón) y México, con los autóctonos Coda como teloneros (1 y 2 de octubre, Palacio de los Deportes de Ciudad de México, y 4 de octubre, Estadio Jalisco de Guadalajara). Precisamente, respecto a estos primeros conciertos aztecas, Dickinson reconocería años después: «La primera vez que tocamos en México fue la primera vez que me di cuenta de lo diferente que era México de España, y lo diferente que era de Estados Unidos. Porque nunca había viajado a México sin Iron Maiden. Quedé impresionado con el tamaño del país, la cantidad de personas, las diferencias culturales con Estados Unidos y las diferencias culturales con Europa. Realmente es un lugar increíble.»

Tras México la banda actuaría en Venezuela (9 y 10 de octubre, Poliedro de Caracas), dando así por concluido el periplo sudamericano, aunque siempre con el recuerdo de lo sucedido en la citada actuación prevista en Chile, incidente que alcanzaría más repercusión en los medios de comunicación que las fechas propiamente celebradas, ya que su suspensión devino por la iracunda ignorancia de la Iglesia Católica chilena.

El concierto se había programado para el 23 de julio, pero tras darse a conocer en Chile, comenzaron los ataques que acusaban a la banda de 'satánica'. Monseñor Javier Prado, obispo auxiliar de Valparaíso, declararía entonces: «Satanás, el Demonio, es una realidad, y el Demonio se vale de muchas cosas para introducir el Mal en el mundo, entre ellas estos grupos que, por lo que he sabido de muy buenas fuentes, terminan todas sus reuniones en grandes orgías, en droga, en alcoholismo, en libertinaje sexual.»

De ahí que la Iglesia chilena presionase al gobierno para que impidiese la entrada de Iron Maiden en el país. Y lo hizo hasta tal punto que Belisario Velasco, subsecretario de Interior, declaró ante la prensa: «La verdad es que yo no conozco personalmente al conjunto Iron Maiden, solamente por vídeo.» Pero aún así medió para evitar la actuación programada. Años más tarde, el propio Velasco reconocería públicamente que el cardenal Jorge Medina Estévez llegó a recitarle telefónicamente algunas de las letras del quinteto británico, exhortándole a que no autorizase su entrada. Velasco respondió que no existía ningún impedimento ni legal ni constitucional para hacerlo y que Chile era un estado aconfesional. El subsecretario puso al corriente del malestar del cardenal al presidente chileno, Patricio Aylwin, quien parece ser ratificó la gestión de su subordinado.

No obstante, Medina, que tiempo después también se opondría a la visita de Madonna, contactó tanto con los propietarios del Estadio Mapocho, donde debía celebrarse el concierto, como con el alcalde de Santiago de Chile, Jaime Raminet, quienes sucumbieron a las presiones del cardenal y argumentaron que el recinto había sido solicitado previamente para otro evento, el cual nunca llegó a celebrarse. Casualmente, en el resto de la capital tampoco había ningún otro recinto disponible. La banda tendría conocimiento de la prohibición durante su estancia previa en Argentina y no pisó Chile, país al que Dickinson calificó entonces de 'medieval'. La empresa promotora

del concierto perdió cien mil dólares y miles de jóvenes chilenos la oportunidad de ver por primera vez a Iron Maiden.

A pesar de la benévola acogida que tuvo *Fear of the Dark*, era evidente que Dickinson no estaba satisfecho con el resultado final del disco. Cuatro años después, ya fuera de Maiden, admitiría: «Estuvo bien, pero como vocalista lo que hice no era nada nuevo, me estaba repitiendo. A todo el mundo le gustó, fue un buen disco, pero no había nada en él que no estuviera ya en *Seventh Son of a Seventh Son*.»

Y de ahí los ya citados últimos conciertos de Dickinson con Maiden, el *Real Live Tour*, que se convirtieron en una experiencia agria para la banda, tal y como reconocería Harris: «Fue muy difícil, porque ninguno de nosotros quería salir

Cartel promocional de la *Real Live Tour*.

de gira con alguien que no deseaba estar allí, pero las ventas de entradas iban bien y no queríamos dejar a los fans devastados y pensamos que era mejor hacerlo.»

El *Real Live Tour* de 1993 permitiría volver a ver a Maiden en tres ciudades españolas, a razón de dos mil quinientas pesetas la entrada (15 euros) y con The Almighty como teloneros: Madrid (27 de marzo, Sala Canciller), San Sebastián (28 de marzo, Polideportivo de Anoeta) y Barcelona (29 de marzo, Sala Zeleste).

Aquellas actuaciones en España, organizadas por Doctor Music y con los tarraconenses Números Rojos como teloneros, se llevaron a cabo con la consabida premisa de que Dickinson abandonaría la formación, difundiéndose en los medios estatales que tras el por entonces recién publicado *A Real Live One* llegaría otro documento testimonial de aquellos últimos conciertos, *A Real Dead One*.

Respecto a su actuación en la sala Canciller, a la que debido a la capacidad del local tan sólo asistieron dos mil personas, la crónica de *El País* informaba: «En su hasta luego de Madrid, Iron Maiden ofreció una selección de sus himnos a una audiencia entusiasmada. La primera parte del concierto estuvo dedicada a los temas más cercanos en el tiempo. Sonaron «Can I Play with Madness», «Bring Your Daughter... to the Slaughter» o «Be Quick or Be Dead», temas veloces y de estribillos impactantes. En la recta final hubo cabida para éxitos de la primera etapa como «Run to the Hills», «The Trooper» o incluso los casi prehistóricos «Iron Maiden» o «Sanctuary», reminiscencias de cuando el olvidado Paul Di'Anno ponía la voz. Una versión reducida de la veterana mascota del grupo, Eddie, realizó una fugaz aparición. No había más novedad que el hecho mismo de ver al grupo en una sala pequeña. En las numerosas visitas de Iron Maiden a España, ocho con la presente desde 1982, sus conciertos se celebraron en grandes pabellones, campos de fútbol y plazas de toros.»

La marcha de Bruce Dickinson

«No me sorprendió que se marchara, porque yo llevaba dos años
pensando que en cualquier momento podía hacerlo.»

Steve Harris

«Estaba totalmente desmotivado por el hecho de no experimentar ni arriesgar nada
en una gran banda. Cuando hicimos *"The Number of the Beast"* realmente estábamos
en el filo, estábamos haciendo algo arriesgado en su momento y me dí cuenta de
que seguir con lo mismo era demasiado cómodo.
Necesitaba algo más, no quería seguir acomodándome en algo que ya me parecía
una gran broma.»

Bruce Dickinson

En 1990 el encargo del tema «Bring Your Daughter... to the Slaughter» había dado pie a que Dickinson valorase la posibilidad de dirigir su propia carrera, aunque la responsabilidad de dar ese paso hizo que éste aún tardase un tiempo en ser una realidad, a lo que hubo que añadir que no hubiera sido muy elegante abandonar el barco tras el irregular *No Prayer for the Dying*. Por uno u otro motivo, Dickinson esperó un tiempo para materializar su decisión, justo después de la publicación y conciertos de *Fear of the Dark*, dando tiempo a la banda a cerrar un capítulo de su trayectoria con el lanzamiento de tres vídeos de directo, *A Real Live One*, *A Real Dead One* y *Live at Donington*, éste último también en versión disco, y una gira de cuarenta y cinco conciertos por Europa, celebrados entre el 25 de marzo y el 28 de agosto bajo el epíteto *Real Live Tour*: «No podíamos suspender esas actuaciones –revelaría años más tarde Steve Harris– porque habíamos firmado muchas fechas y no era cuestión de dejar en la estacada a los fans. Los fans pensaban que Bruce era feliz dentro del grupo y se sorprendieron cuando anunció que se iba. Nos prometió que se dejaría la piel en aquellos conciertos, aunque la verdad es que no dio todo lo que podía dar. Los demás nos comprometimos a entregar el máximo cada noche y compensar el bajo rendimiento de Bruce.»

De esta manera, tras dos actuaciones en los estudios de cine Pinewood, en Iver Heath (a 32 kilómetros de Londres), llevadas a cabo ante un afortunado grupo de fans y transmitidas primero por televisión de pago y después en abierto por la BBC, el cantante se centró de inmediato en su futuro. De hecho, el que sería su segunda disco en solitario, el primero fuera de Iron Maiden, había empezado a gestarlo aún como miembro del quinteto, reclutando al cuarteto Skin para llevarlo a cabo. Pero la química entre cantante y grupo no cuajó y Dickinson optó por valerse de los servicios del productor Keith Olsen (Grateful Dead, Emerson Lake & Palmer, Reo Speedwagon, Heart, Jethro Tull, Ozzy Osbourne, Scorpions, Journey, Whitesnake…) y como músicos acompañantes a los Tribe of Gypsies del guitarrista Roy Z. El resultado sería un disco correcto, *Balls to Picasso*, publicado el 6 de junio de 1994, que Dickinson defendería en directo con una gira de cuarenta y tres actuaciones repartidas por Estados Unidos, Europa y Sudamérica entre el 1 de septiembre de 1994 y el 14 de abril de 1995.

Posteriormente, la discografía del cantante –y hasta su regreso a Maiden– se engrosaría con otros tres títulos más: *Skunkworks* (1996) y los más logrados *Accident of Birth* (1997) y, especialmente, *The Chemical Wedding* (1998), del cual el propio Dickinson ha reconocido que «quizás es el disco del que más orgulloso estoy de toda mi carrera.» Tan seguro estaba que en una entrevista llegó a sentenciar: «The *Chemical Wedding* es un disco brillante, uno de los mejores discos de metal del año y si no lo entiendes así es que eres un jodido estúpido.» Y en 2004 persistiría en ese parecer: «Cada vez que escucho ese disco, me convenzo más de que ha sido un trabajo muy influyente. Muchos músicos lo creen. Será muy difícil superarlo.»

The Chemical Wedding disco en solitario de Bruce Dickinson.

La discografía en estudio del vocalista incluye también *Tyranny of Souls* (2005), hasta un total de seis títulos a los que hay que sumar otros dos discos en directo, *Alive in Studio A* (1995, grabado en los estudios Metropolis de Londres y que incluye un segundo CD, *Alive at the Marquee*) y *Scream for me Brazil* (1999).

El primero en conocer las intenciones de Dickinson fue Rod Smallwood, quien acordó con el cantante no decir nada hasta hallar el momento menos traumático. La ocasión se produjo tras concluir la primera parte del *Fear of the Dark Tour*, mientras Steve Harris se hallaba en Miami mezclando el que sería el segundo disco en directo de la banda, *A Real Live One*: «Me quedé sorprendido. No de que se fuera, porque lo llevaba suponiendo desde hacía algunos años, pero parecía tan metido en *Fear of the Dark*... Fue cuando nos tomamos seis semanas de descanso, mientras yo estaba mezclando material de directo para editarlo al final de la gira. Tres semanas antes de la segunda parte de la gira decidió marcharse, de modo que cambiamos los planes y editamos los discos en directo con mucha antelación (*A Real Dead One* y *Live at Donington*, además del ya citado *A Real Live One*, N. del A.)... Cuando Adrian se fue, yo estaba convencido de que Bruce pensaba seguir el mismo camino, por su interés por hacer algo en solitario... Es extraño, porque Bruce estaba cantando mejor que nunca en aquella gira... Me habría parecido más lógico si hubiera pasado después de la gira de *No Prayer for the Dying*.»

No obstante, Harris convendría años más tarde que si Dickinson «no podía dar el cien por cien a Maiden, no lo queríamos en la banda. No es desprecio o enemistad, pero no había opción de convencerlo para que regresase... Personalmente, creo que cometió un error, porque no veo porqué no podía hacer algo en solitario y al mismo tiempo estar en Maiden. Pero supongo que quería hacer otras cosas y Maiden era una banda para trabajar.» Según recordaba Gers, «aún no sé porqué nos dejó. Unas pocas semanas antes de que nos dijera que se iba hablé con él y me dijo que todo iba bien. Cuando me enteré que nos dejaba me pilló completamente por sorpresa.»

Bajo el punto de vista de Dave, «hacíamos giras sin parar y creo que él simplemente se desgastó y quiso probar otra cosa. Nos preguntamos entonces: ¿Qué hacemos ahora? ¿Deshacemos la banda o seguimos?. Decidimos continuar y buscar otro cantante.»

Durante un tiempo hubo declaraciones cruzadas entre Dickinson y la banda, estas últimas especialmente por boca de Harris: «Bruce nos dejó porque no quiso ser parte de esto nunca más. Dijo que se sentía 'musicalmente cohibido'. Lo que me molesta es que dijo cosas malas de Iron Maiden en todas las revistas del mundo. Esgrimió que dejó la banda por razones que nunca discutimos. Bruce estuvo en la banda durante casi doce años y no creo que nos mereciésemos ese tipo de trato por su parte.»

A su vez, Dickinson reconocería en una entrevista aparecida en 1993: «Algunas noches de la última gira pensaba: ¿Por qué tengo la sensación de que ésto se me hace tan difícil? Después comienzas a darte cuenta de que, en realidad, es porque no quieres hacerlo nunca más.»

En cuanto a su nueva orientación musical, Murray opinaría en 1995: «La música que está haciendo ahora, más que un paso adelante respecto a Maiden, es un paso al lado. Su voz sigue siendo muy especial y quería acercarse a otro público, pero creo que los fans de Maiden no van a aceptar lo que está haciendo ahora.»

○ ○ ○

Como testimonio de *Fear of the Dark Tour* y *Real Live Tour*, giras desarrolladas entre junio de 1992 y agosto de 1993, el 18 de octubre de 1993 se publicaba *A Real Dead One*, álbum en directo que se nutría exclusivamente de temas pertenecientes a los cinco primeros títulos de la discografía de la banda («The Number of the Beast», «The Trooper», «Prowler», «Transylvania», «Remember Tomorrow», «Where Eagles Dare», «Sanctuary», «Running Free», «Run to the Hills», «2 minutes to Midnight», «Iron Maiden» y «Hallowed be thy Name»).

De esta manera, algunas de las composiciones clásicas de los Maiden, extraídas de actuaciones ofrecidas a principios de los años noventa en Dinamarca, Finlandia, República Checa, Holanda, Francia, Alemania, Italia, Suiza y Rúsia, sirvieron de cebo para amortiguar la marcha de Dickinson, aunque sólo fuese en términos comerciales para el grupo y nostálgicos para sus fans; de ahí su buena acogida y que tras su lanzamiento *A Real Dead One* lograse entrar en el Top 50 en varios países, como Gran Bretaña, Suecia, Japón, Suiza y Alemania.

Al mes siguiente, noviembre de 1993, y a los mismos efectos, aparecería también otra grabación en vivo, *Live at Donington*, que recogía la actuación del 22 de agosto de 1992 que la banda había llevado a cabo en el *Monsters of Rock*. Recibida con menor interés por el público (número 23 en Gran Bretaña y número 39 en Japón), la selección de temas resultaba más actual que la de *A Real Dead One* puesto que, sin olvidar piezas antiguas, también incluía otras por entonces más recientes como «Be Quick or Be Dead», «From Here to Eternity», «Wasting Love» o «Afraid to Shoot Strangers», pertenecientes a *Fear of the Dark*.

5. Los años Bayley

«Con Blaze Bayley retrocedimos cinco pasos.»

Dave Murray

Nacido como Bayley Alexander Cooke el 29 de mayo de 1963 en Birmingham, Blaze Bayley era conocido como el cantante de Wolfsbane, cuarteto formado en 1984 en Tamworth, una pequeña ciudad situada en el corazón de Inglaterra, que en 1989 había publicado su primer disco, *Live Fast, Die Fast*, producido por nada menos que Rick Rubin (Beastie Boys, Slayer, The Cult, Run DMC...). A raíz de este trabajo, la banda entraría en contacto con Iron Maiden, quienes los ficharon para abrir algunos de los conciertos de la gira *No Prayer on the Road* de 1990.

Pero a lo largo de los tres años siguientes, y al no conseguir satisfacer las expectativas que el sello de Rubin, Def American, había depositado en ellos tras su tercer trabajo, el recomendable *Massive Noise Injection* (1993), la banda se encontró inmersa en una situación comprometida que dió pie a que Bayley realizase una audición para Maiden. Superarla abocó a los Wolfsbane a una larga disolución de trece años.

Para Bayley, entrar en Iron Maiden fue una suerte de proporciones tremendas, no solamente por el hecho de formar parte de

Blaze Bayley, el cantante vocalista que sustituiría a Dickinson.

una de sus bandas favoritas, sino por el de trabajar codo con codo junto a una leyenda del rock: «Aprendí mucho de Steve Harris. No había nada escrito antes de la grabación de *The X Factor*, por lo que Steve me dijo: No me importa que tengas ideas para el disco, pero éstas tienen que ser grandes ideas. Es igual quien compone la canción, pero tiene que ser una gran canción. Eso me tranquilizó.»

Dave Murray reconocería que «cuando Blaze llegó y empezó a cantar, supimos inmediatamente que podría encajar en la banda... Llegó con un punto de vista musical diferente y eso cambió la identidad de la banda.» Con el beneplácito de Harris («Consiguió el trabajo por méritos. Bajo mi punto de vista, creo que es el hombre correcto»), Bayley trabajó estrechamente con el bajista y con Janick Gers en la creación del siguiente disco del quinteto, *The X Factor*. Al respecto Harris recordaría: «Blaze llegó y preguntó que dirección íbamos a tomar. Dijo que tenía algunas ideas sobre las cuales no estaba seguro, a lo que le respondí que podíamos trabajar sobre ellas y ver si funcionaban. Al final funcionaron y se ajustaron muy bien. Creí que estaban bien y que eran brillantes.»

Por su parte, el propio Bayley, casi dos décadas después, presumiría: «Conmigo empezó la etapa progresiva de Iron Maiden. No había nada escrito antes de que entrase en la banda, empezamos desde cero. Steve escuchó mi voz y preparó las canciones con ella en mente.»

The X Factor se forjó entre 1994 y 1995, grabándose en el estudio casero de Harris, en Sussex. Precisamente el bajista fue el máximo responsable del trabajo de producción («Estoy muy contento de haber trabajado con Martin Birch en el pasado, porque aprendí un montón de él»), tarea para la que contó con el apoyo de un viejo conocido de la banda, Nigel Green, quien como ingeniero residente de los estudios Battery ya había participado en las producciones de *Killers* y *The Number of the Beast*, además de hacerlo también para Praying Mantis, Dio, Testament, Barón Rojo y Def Leppard, así como para Bruce Dickinson en *Tattooed Millionaire*. «Nigel es muy bueno con el sonido –explicaba Harris– No le llamamos como productor para arreglar nuestra música. Nigel es un ingeniero brillante y eso era lo que buscábamos.»

Aunque sería denostado por buena parte de sus seguidores y de la crítica (sin ir más lejos el periodista musical Joan Singla no dudó en escribir sin prejuicios en las páginas de la edición española de *Metal Hammer*: «Blaze no es la mitad de buen cantante que Bruce» y «Steve Harris parece agotado, se le han acabado las ideas»), *The X Factor* fue un disco en el que Maiden creyeron sentirse especialmente inspirados. «Supongo que podría igualarse el cambio con la sensación de excitación cuando pasamos de *Killers* a *The Number of the Beast*», opinaría Harris.

El quinteto sabía lo mucho que se jugaba y puso todo de su parte. Así, a diferencia de sus anteriores discos, llegó a grabar tres temas más de los once que acabarían en el disco, «I Live my Way», «Justice for the Peace» y «Judgement Day», los cuales acabarían en la cara B del single «Man on the Edge», publicado el 25 de septiembre de 1995, Top Ten en Gran Bretaña y número 1 en Finlandia.

La formación del grupo Iron Maiden encabezada por Blaze Bayley.

La marcha de Dickinson no pareció repercutir demasiado en el alcance comercial de *The X Factor*, que tras su publicación, el 2 de octubre de 1995, logró el octavo puesto en las listas británicas y entró sobradamente en los Top 30 europeos. No tendría la misma suerte en Estados Unidos, donde se tuvo que conformar con un discretísimo puesto 147. De hecho, a mediados de los años noventa, al igual que el resto de formaciones de heavy metal que fueron arrolladas por el grunge, Maiden entraron en un bache en Estados Unidos, admitido por el propio Harris ya en aquel entonces: «Hemos perdido terreno en los últimos años. Todavía tenemos una gran base de fans, unos trescientos o cuatrocientos mil, lo que no está nada mal, aunque antes rondábamos el millón.»

● ● ●

El décimo disco en estudio de Iron Maiden contó con una gira promocional de ciento veintiocho actuaciones que comenzaron inusualmente en Israel, con tres actuaciones en Jerusalén (28 de septiembre), Haifa (día 29) y Tel Aviv (día 30). Después, el tour, que en algunas ocasiones contaría como teloneros con la banda capitaneada por aquel entonces por Adrian Smith, Psycho Motel, continuó por otro país novel para el quinteto, Sudáfrica, donde se realizaron otras tres fechas: Johannesburgo (5 de octubre), Durban (7 de octubre) y Ciudad del Cabo (9 de octubre).

Después le llegaría el turno a Europa, con cuatro conciertos en España, con My Dying Bride como teloneros y entradas a tres mil pesetas (18 euros): 18 de noviembre, Pabellón Anaitasuna de Pamplona; 20 de noviembre,

Palau Olímpic de la Vall d'Hebrón de Barcelona; 21 de noviembre, Pabellón del Real Madrid de Madrid, y 24 de noviembre, Pabellón Ifagra de Granada.

De la actuación barcelonesa, *El Periódico de Cataluña* narraba dos días después: «La coincidencia de un concierto de Iron Maiden con el 20-N se podría prestar a divagaciones sobre el *déjà vu* en forma de malignos fantasmas del pasado. Y es que en Iron Maiden, con 15 años a cuestas y una carrera que compite en accidentalidad con la pista del Dragon Khan, sólo Steve Harris y Dave Murray, bajo y guitarra, aguantan desde el primer álbum. Es como ese veterano de guerra que exhibe sus medallas y heridas, que viene a ser lo mismo, con autosuficiencia castrense.

En este contexto, la última descarga de la Doncella en una de sus plazas más fieles cumplió todas las expectativas. Blaze Bayley, como vocero sustituto de Bruce Dickinson, mostró sus poderes a través de un registro huracanado y en sintonía con el aparato sonoro modelo apisonadora practicado por el grupo.

Las canciones del reciente *The X Factor* se fusionaron sin fricciones con himnos imperecederos como «The Number of the Beast», «The Trooper» o «Iron Maiden». Y Steve Harris, acogido con calor por el respetable, secundó a Bayley cantando para sí mismo, como siempre, cada uno de los temas del *set* como si se tratara del primer concierto de su vida.

The X Factor, décimo disco de Iron Maiden.

¿Vale la pena, pues, leer a Iron Maiden en una clave crítica que le relegaría casi a la altura de Nacho Cano o María Jesús y su acordeón? Decidamos que sí, que debemos extendernos sobre su efectismo infantiloide con ese acartonado e hilarante Eddie, incombustible mascota *gore*, sobre sus toscas lecciones de virtuosismo prehistórico, su insistencia en himnos simplistas, grandilocuentes y escapistas y sus letras increíbles en todo el sentido del término. Podríamos añadir un sinfín más de catástrofes y todo ello no haría más que reafirmar a quienes se toman el seguimiento a Iron Maiden como un acto de fe frente a conspiraciones revisionistas y modernas. Por suerte, el grupo telonero, My Dying Bride, puso un brochazo de verde esperanza: en campos fronterizos como el doom o el death aún hay, después de todo, un terreno casi virgen por explotar.»

● ● ●

Ya en 1996, en el mes de febrero, el grupo volaría a Estados Unidos, para hacerlo en abril, a Japón y regresar, a finales de junio, a Europa, actuando por segunda vez en España en una misma gira y ofreciendo nada menos que otras cinco actuaciones, con entradas a dos mil quinientas pesetas (15 euros): 9 de agosto, Estadio de Futbol de San Javier de Murcia; 10 de agosto, Palacio de Ferias, Exposiciones y Congresos de Jérez; 11 de agosto, Campo de Futbol de Miajadas (Cáceres); 13 de agosto, Estadio de Villarrobledo (Albacete) y 14 de agosto, Pabellón de Sotet de Fraga (Huesca).

Las actuaciones de 1996 tuvieron como teloneros a Helloween, Dirty Deeds y Skin, logrando aforos medios al celebrarse en poblaciones no habituales en el circuito de grandes conciertos. En Miajadas, con los locales Superstitions como teloneros, hubo siete mil personas y en Villarrobledo cinco mil.

○ ○ ○

Maiden concluirían el *The X Factour* visitando Brasil, Chile, Argentina y México, país en el que ofrecieron dos actuaciones, en Ciudad de México y Monterrey, a modo de colofón imprevisto de la gira debido a unos problemas vocales de Bayley que a la postre conllevarían el cancelamiento de nada menos que diez fechas inicialmente repartidas entre el Líbano (12 de octubre de 1995), Canadá (24 de marzo de 1996), Estados Unidos (25, 27, 28, 30 y 31 de marzo y 1 y 2 de abril de 1996) y Brasil (27 de agosto de 1996).

A estos problemas de voz, debidos en parte a la extensa concatenación de actuaciones, Bayley tendría que añadir la indiferencia que despertó entre los fans del grupo.Y eso que algunos quisieron defender su contribución, como el periodista Dan Silver, que en la crónica que la revista *Metal Hammer* publicó de la actuación del 2 de febrero de 1996 en el Rock City de Nottigham, escribió de Bayley: «Su interpretación de los temas de la primerísima época mejora incluso a la de Bruce Dickinson, lo que demuestra de lo que es capaz cuando tiene un material decente por delante.» Al respecto, Dave Murray declararía: «Me encanta como Blaze canta "Iron Maiden". De hecho, tan pronto como empezó a cantar el material antiguo supe que sería el cantante idóneo para nosotros.»

The X Factour, el tour de la banda de heavy metal británico, Iron Maiden.

Años después de su salida de Maiden, Bayley afirmaría: «Cuando me uní a la banda, hubo mucha gente resentida conmigo. Me culparon por la salida de Bruce, pero la cuestión es que mucha gente no quiso escucharme». Gers trataría de defenderlo: «Canta diferente a Paul Di'Anno. Paul, Bruce y Blaze muestran distintas caras de Maiden. Bruce tiene un registro maravilloso, mientras que Blaze tiene uno más profundo que se hace evidente en las canciones que tiene que cantar de la época de Bruce. Todas esas canciones no fueron escritas para su voz, aunque él lo hace de la mejor manera. Algunas de esas canciones son muy difíciles de cantar y cualquier cantante tendría problemas.» Al respecto, Blaze diría: «Mi aportación fue completamente distinta a la de Bruce. Él es un cantante fantástico, que aportó muchísimo a Maiden como compositor y cantante. Jamás pensé en llegar a substituirlo, pero he aportado mi propia personalidad y mi propia música.»

Una de las muestras más notorias de animadversión que vivió Bayley se produjo en el concierto del 29 de agosto en el Teatro Monumental de Santiago de Chile. El público estaba especialmente alterado, tal y como habían demostrado minutos antes con los españoles Héroes del Silencio, que tuvieron que retirarse tras una insistente lluvia de botellas, situación que siguió descontrolada ante el mal estado de la voz de Bayley, quien tras sólo cinco minutos sobre el escenario empezó a recibir insultos y salivazos desde las primeras filas. Bayley y Harris se encararon con el público y amenazaron con suspender la actuación, la cual, afortunadamente, pudo llevarse finalmente a cabo. Quizá no fue una evidencia fiable de la aceptación de Bayley por parte de los seguidores de la banda, debido al contexto en el que se desarrolló la trifulca, pero probablemente no hubiese sucedido lo mismo con Dickinson al frente.

De este incidente se hizo eco dos días después el diario conservador español *ABC*, que en una breve crónica en alusión a la actuación del cuarteto español liderado por Enrique Bunbury decía: «La noche del jueves en Santiago de Chile resultó un tormento para los componentes del grupo Héroes del Silencio, que pretendían actuar en el Teatro Monumental como teloneros del grupo británico de rock Iron Maiden. Los cerca de seis mil seguidores del conjunto heavy no pudieron soportar la espera y la emprendieron a escupitajos contra Héroes del Silencio. Amén de los salivazos, el lanzamiento de objetos contundentes contra sus personas puso en peligro a los chicos liderados por Enrique Bunbury. Ni cinco minutos lograron mantenerse en el escenario. El cantante y el batería tuvieron que retirarse con heridas en el rostro. Por fin los enfervorecidos fans pudieron escuchar a Iron Maiden, cuyos miembros amenazaron con suspender la actuación. Pero pudo el oficio, aunque su música no amansó a las fieras allí reunidas. El concierto se cerró con un total de sesenta y cuatro detenidos y cinco heridos leves, según informó la policía.»

○ ○ ○

Otra de las novedades que presentó *The X Factor* fue el trabajo artístico de Hugh Syme para la portada. Syme, ocasional participante en algunos discos de sus compatriotas Rush como teclista, se había dado a conocer precisamente por ser el diseñador de las portadas de los trabajos del trío de Toronto, desde el disco de 1975 *Caress of Steel* (de hecho, en 2015 se publicó el libro *Art of Rush*, un compendio de los trabajos de Syme para el trío).

Posteriormente, sus servicios como diseñador fueron reclamados por algunas de las principales compañías discográficas, estampando su talento en discos para bandas como Aerosmith, Queensrÿche, Bon Jovi, Kiss, Whitesnake, Def Leppard, Styx, Megadeth o Dream Theater.

Continuando con esa nueva línea estética y adaptándose a los tiempos, en 1997 Iron Maiden intentaron apadrinar un videojuego inspirado en Eddie y llamado *Melt*, que no llegaría a ver la luz por su baja calidad, tal y como

Ed Hunter, videojuego de Iron Maiden del año 1997.

anunciaría la propia banda en septiembre de 1997. No obstante, la idea de un videojuego se retomaría dos años después, cuando en julio de 1999 lanzarían *Ed Hunter*, coincidiendo con la publicación del álbum recopilatorio del mismo nombre. En esa ocasión, la encargada de realizar el videojuego fue Synthetic Dimensions, empresa británica con sede en Wolverhampton que desde 1986 había llevado a cabo decena y media de juegos, entre los cuales se encontraba *Terminator 2: Judgement Day*, basado en la popular saga cinematográfica. *Ed Hunter*, cuya historia tenía como transfondo el imaginario de las portadas de los álbumes publicados por el quinteto hasta la fecha, sí cumpliría los deseos del grupo, llevando a Steve Harris a declarar: «Es lo más sorprendente que he visto nunca, y no suelo impresionarme muy a menudo, pero Ed Hunter es genial.»

● ● ●

El 23 de septiembre de 1996 se pondría a la venta el primer álbum recopilatorio de Iron Maiden, *Best of the Beast*, que además de la previsible reunión de los principales temas del grupo incluía una nueva canción, «Virus», escrita por Harris, Murray, Gers y Bayley y que tras publicarse en single, tres semanas después de la finalización del *The X Factour*, obtendría unos meritorios resultados en las listas de éxitos: número 3 en Finlandia y número 16 en Gran Bretaña, además de entrar en los Top 50 de Suecia y Holanda. En España, la revista musical *Popular 1* calificaría a «Virus» como «una canción nueva superior a la mayor parte de los temas que hicieron para *The X Factor*.»

El recopilatorio *Best of the Beast*, reunía los principales temas del grupo e incluía una nueva canción, «Virus».

Virtual XI

«Esta formación no es nueva; llevamos juntos cinco años.
Si nos has visto dos o tres veces y sigue sin gustarte,
pues muy bien, búscate otra.»
Steve Harris

Con un título que podría parecer basado en la numerología, la 'X' de *The X Factor* corresponde al número 'diez' en latín y además era el número cronológico del disco en la discografía de la banda, por lo que el 'XI' supondría un guiño a la continuidad: el 23 de marzo de 1998 aparecía *Virtual XI*, grabado en el estudio de Harris y de nuevo con Nigel Green en la coproducción.

Bajo la cubierta creada una vez más por Melvyn Grant, el disco presentaba ocho nuevos temas, siete de ellos obra de Harris, quien ocasionalmente contó con la colaboración de Bayley («Futureal»), Murray («Lightning Strikes Twice») y junto con ambos en «When Two Worlds Collide», más la pieza que cerraba el cedé, «Cómo estáis amigos», firmada por Gers y Bayley. A pesar de la más que aceptable acogida en los *charts* internacionales, entrando con mayor o menor holgura en los distintos Top 30 europeos, *Virtual XI* acabaría siendo considerado por los fans de Maiden como el peor trabajo de la discografía de la banda, confirmando a Bayley como un cantante sin los posibles requeridos. La revista *Popular 1* diría de *Virtual XI*: «Fue un trabajo de baja calidad, de peor producción que su predecesor y con canciones extensas que poco favorecían a Bailey. "The Clansmen" y "Futureal" eran lo único aprovechable de un álbum aburrido, en el que ideas esbozadas en "Two Worlds Collide" y "The Educated Fool" podrían haber llegado a mejor término». Además, la revista consideraba el single «The Angel and the Gambler» como «un refrito de «Heaven Can Wait» a menos revoluciones.

De Virtual XI, el propio Harris comentaría: «Sólo contiene ocho canciones, pero todas son largas, lo que nos permite desplegarnos musicalmente.

Virtual XI es el undécimo álbum de estudio de Iron Maiden y el segundo y último con Blaze Bayley como vocalista.

Tratan sobre temas diversos, desde la realidad virtual en "Futureal" hasta la guerra de las Malvinas en "Cómo estáis amigos". También hay una canción inspirada en las películas *Braveheart* y *Rob Roy*, "The Clansman", que trata sobre la lucha por la libertad de los clanes escoceses. Cuando compuse la música pensé que tenía un aire celta, por eso escribí la letra sobre clanes.»

La frialdad del público frente al cantante, a la que se sumaba la de buena parte de la prensa especializada, se manifestó una vez más durante la siguiente gira, *Virtual XI World Tour*, de tan sólo ochenta y un conciertos, celebrados entre el 22 de abril y el 12 de diciembre de 1998. En principio, el número de conciertos iba a ser de noventa y siete, pero dieciséis de ellos tuvieron que suspenderse debido, una vez más, a los problemas de Bayley con su voz tras una reacción alérgica al polen que afectaría a las fechas programadas en Francia (Pau, 27 de mayo), Estados Unidos (las previstas entre el 16 de julio y el 3 de agosto), Brasil (4 de diciembre) y Chile (10 de diciembre).

Por lo menos España, *de facto* plaza fija para el grupo, volvió a ver a Maiden en una gira, según el rotativo catalán *La Vanguardia*, «plagada de música, fútbol, monstruos y videojuegos», que nos visitó en dos ocasiones: la primera, con entradas que fueron de las dos mil quinientas a las tres mil cuatrocientas pesetas (de los 15 a los 20,43 euros), acompañados de He-

Imagen promocional del disco *Virtual XI* de 1998.

lloween y Dirty Deeds y que pasó por Barcelona (18 de mayo, Pavelló de la Vall d'Hebron), Madrid (19 de mayo, Palacio de los Deportes de la Comunidad), Ourense (22 de mayo, Pabellón de Os Remedios), Laguna de Duero (23 de mayo, Plaza de Toros), San Sebastián (24 de mayo, Velódromo de Anoeta) y Valencia (26 de mayo, Velódromo Luis Puig), mientras que el segundo tramo, también con Helloween y Dirty Dedds como teloneros, pasaría por Zaragoza (8 de octubre, Pabellón Príncipe Felipe), Albacete (9 de octubre, Plaza de Toros de Casas Ibáñez) y Dos Hermanas (10 de octubre, Campo de Fútbol).

Este último concierto dio lugar a la correspondiente crónica que el diario *El País* publicaría dos días después en los términos siguientes: «El grupo de rock británico Iron Maiden congregó el sábado por la noche en el Velódromo de Dos Hermanas (Sevilla) a unos diez mil aficionados al heavy metal y al rock más duro, sin que se registrara ningún incidente en toda la noche ni durante la madrugada. Según el concejal delegado de Seguridad Ciudadana, Francisco Zurita, el comportamiento de los heavys, que acudieron desde distintos puntos de Andalucía y Extremadura para presenciar el concierto de los ídolos del rock duro fue muy cívico. Hasta veinticinco autobuses de aficionados rockeros llegaron a Dos Hermanas, procedentes principalmente de Córdoba, Huelva, Málaga y Sevilla, mientras que cientos de jóvenes procedentes de la capital sevillana y de pueblos del entorno comenzaron a congregarse en las proximidades del velódromo desde las cuatro de la tarde. Los rockeros ambientaron las calles de Dos Hermanas. Muchos acudieron con las vestimentas que los distinguen como seguidores del heavy metal, camisetas negras, botas altas, chalecos y cazadoras de cuero con remaches, largas y desordenadas melenas y muchos tatuajes.

Las puertas del Velódromo se abrieron a las ocho y media de la tarde, y el concierto de Iron Maiden, grupo considerado como uno de los padres del heavy metal, comenzó a las once en punto de la noche y se extendió hasta las dos de la madrugada. Salvo por

Virtual XI World Tour sería la última gira que contara con Bayley como parte de la banda.

algún desmayo, el dispositivo establecido por bomberos, Cruz Roja, Protección Civil y Policía Local no tuvo que intervenir, según explicó Zurita, quien aseguró que se habían previsto aparcamientos para casi quince mil vehículos, que no se ocuparon por completo.

El concierto fue programado por el Ayuntamiento de Dos Hermanas, a cuyas áreas de Juventud y Cultura lo habían demandado varios colectivos juveniles de esta localidad, muy próxima a Sevilla. El Ayuntamiento destinó al concierto unos siete millones de pesetas, para pagar en parte la entrada de los vecinos, a los que se les cobró mil quinientas pesetas (9 euros), mientras que los foráneos tuvieron que pagar dos mil quinientas (15 euros) »

Previamente a estos conciertos hispanos, el quinteto se presentó en Madrid para promocionar la salida al mercado de *Virtual XI*. Además de las habituales entrevistas, Maiden organizaron un partido de fútbol entre ellos y un combinado formado por periodistas, músicos y dependientes de tiendas de discos, encuentro que se celebró en el estadio Vallehermoso. El resultado final fue de un contundente 10-0 a favor de la escuadra británica, que contó con el apoyo incondicional de un público enfervorizado, que tuvo que ser desalojado del campo por la Policía Nacional antes del inicio del partido y durante el descanso.

Material promocional para la *Virtual XI Tour*.

● ● ●

Sudamérica también tuvo la suerte de disfrutar del quinteto en 1998, siendo México (7 y 9 de agosto), Brasil (2, 5 y 6 de diciembre) y Argentina (12 de diciembre) los países afortunados. En aquella ocasión, Maiden rechazaron actuar en el festival *Monstruos del Rock'98* que tendría lugar en Santiago de Chile, debido a las repercusiones del caso Pinochet y siguiendo las directrices del gobierno británico, que exhortaba a sus ciudadanos a no viajar a dicho país, una vez que Pinochet había sido detenido en Londres. *Monstruos del Rock'98* contó, no obstante, con la participación de grupos como Slayer, Helloween, Criminal y Panzer.

Precisamente, tras el concierto en la capital porteña de diciembre de aquel año, y después de que anteriormente el propio Gers le hubiese comentado su descontento a Harris por el trabajo del cantante, la banda le comunicó a Bayley que prescindía de sus servicios. Oficialmente la noticia no se haría pública hasta el mes siguiente, en enero de 1999, si bien el propio Harris tendría que atajar taxativamente los rumores que corrieron como la pólvora a finales de 1998: «He leído que le gustaría (a Bruce) tocar con nosotros, lo que me parece un poco estúpido.»

De la despedida de Bayley se conocen dos versiones: una, la del propio cantante, según la cual Dickinson habría aceptado regresar a Maiden antes

117 Los años Bayley

de que él fuese despedido; la otra, la de la banda, asegurando que fue Bayley quien renunciaría al puesto tras sus contínuos problemas para cumplir en directo. No obstante, ambas versiones coinciden en que el desenlace se produjo en el mes de enero de 1999, cuando Smallwood invitó a su casa de Brighton a Harris y a Dickinson.

A pesar de la resolutiva decisión de la banda, Bayley nunca guardaría rencor a sus excompañeros; bien al contrario, siempre ha declarado tener grandes recuerdos de su paso por Iron Maiden: «Fue una ocasión única, haciendo giras durante nueve meses al año, grabando discos sin coartadas musicales, componiendo las letras y la música que queríamos. La compañía discográfica no se entrometió. Nadie te decía lo que tenías que hacer, sólo la banda haciendo lo que quería hacer siguiendo sus propias ideas. Fue extraordinario, una oportunidad única.»

Y por lo que respecta a su marcha del grupo, Bayley aclararía: «No fue una elección irme de Iron Maiden, me despidieron. Me dijeron que no era lo suficientemente bueno. Les pregunté: ¿Bruce va a volver? Ellos me respondieron: Sí. Lo que creo que pasó fue que las ventas de discos habían bajado y EMI se había reestructurado a nivel internacional. El negocio musical se estaba reduciendo, por lo que, en realidad, se trató más de una decisión empresarial que Bruce regresase entonces. Me quedé hecho polvo. Me llevó cuatro años aceptar lo que había pasado.»

Tras su paso por Maiden, Bayley continuaría al frente de su propia banda hasta 2007, compaginándola desde ese año y hasta 2011 con un breve retorno a Wolfsbane, para finalmente continuar por su cuenta, publicando, de una manera u otra, un total de siete discos en estudio, de los cuales destacan *Silicon Messiah* (2000), *Tenth Dimension* (2002) y *Promise and Terror* (2010).

«Yo también compuse mucho en Iron Maiden, y esos dos discos les llevaron a una etapa más oscura y progresiva. Es un planteamiento diferente y la gente a la que le gustan las cosas emocionales, oscuras e intensas los tendrá entre sus favoritos. Me encantó estar en Iron Maiden, era un gran fan incluso antes de entrar. Me encantó componer con ellos, estar en un grupo que no se tiene que comprometer musicalmente con nada ni nadie. Todo lo que aprendí de Steve lo volqué en mis discos en solitario.»

6. El retorno

«Creo que la formación actual es la más fuerte que Iron Maiden ha tenido. Hemos convivido juntos muchos años y se nota una unión muy especial y poderosa. Además, la parte artística ha sido muy creativa. Nos queda mucho por delante. Creo que ésta será la formación definitiva de la banda, ya no habrá más cambios. Tenemos que llegar así hasta el final.»

Dave Murray

Ante la ineficacia de Bayley y una vez que los rumores propagasen los nombres de posibles substitutos, como Michael Kiske, ex Helloween, Rod Smallwood convenció a Steve Harris de que diese a Bruce Dickinson la oportunidad de regresar a la banda, teniendo muy en cuenta la opinión de los fans. «Compartíamos, Maiden y yo, el mismo representante, Rod Smallwood, y él, naturalmente, sabía lo que yo pensaba y lo que pensaban los chicos. Hablamos un día y me dijo: Blaze ha dejado la banda. ¿Qué te parece? ¿Volverías a la banda? Le respondí: Habla con Steve y mira que nos podamos reunir y hablarlo.»

Reunión de Iron Maiden, vuelven Bruce Dickinson y Adrian Smith.

El reencuentro entre banda y cantante se produjo en la casa que Smallwood tenía en Brighton, en enero de 1999: «Cuando nos volvimos a ver, Steve y yo nos abrazamos. Antes, sólo me había abrazado tres veces en toda mi vida.» En aquella reunión se acordó el regreso de Dickinson, la asimilación en la alineación de Adrian Smith (él mismo exigiría que Gers permaneciese en la banda), la realización de una gira para celebrar tal acontecimiento y el lanzamiento del recopilatorio y el videojuego *Ed Hunter*.

También se habló del siguiente disco: «Steve estaba preocupado por el hecho de que yo quizá sólo quisiera volver por el dinero, pero le dije: No es mi intención. Mi interés era que hiciésemos un gran disco.» Harris recordaría: «Queríamos hacer algo a largo plazo. La primera cosa que hice fue preguntarle a Bruce ¿Por qué quieres volver? y lo segundo ¿Cuánto tiempo estarás? No queríamos volver sólo para una gira. Hubiésemos escogido a otra persona, cosa que probablemente hubiésemos hecho si la actitud de Bruce no hubiera sido la correcta y no hubiésemos creído que volvía para mucho tiempo.»

Murray entendió entonces el regreso de Dickinson como algo que reparaba provechosamente su ausencia de casi una década: «Si Bruce no se hubiera ido en 1993, posiblemente no estaríamos en la posición en la que estamos ahora. Aunque no puedas explicar en su momento qué diablos está pasando, algunas veces termina siendo mejor para el futuro. Se fue, volvió y esto hizo más poderosa a la banda.»

El sexteto acordó dejar de lado el estudio de Harris y trasladarse a uno más profesional con la intención de grabar un disco excepcional. Así, tras ensayar los nuevos temas en un local de Bélgica, el grupo escogería los Guillaume Tell de París, en los que desde el verano de 1999 y hasta la primavera de 2000 grabarían *Brand New World*, contando para su producción con Kevin Shirley (Silverchair, Journey, Aerosmith, Dream Theater, Black Crowes…).

Dickinson explicó porqué escogieron a Shirley para el disco: «Le preguntamos: ¿Qué harías con nuestro sonido?, a lo que contestó: No haría nada con vuestro sonido. ¡Sonáis genial! Pero nunca habéis sonado tan bien en estudio como en directo. Os vi la otra noche y sonáis muy bien. Lo único que voy a hacer es meteros en el estudio, enchufar los micros y dejar que hagáis lo que mejor sabéis hacer.»

Según reveló Dickinson, Shirley «es muy bueno con las mezclas. Nunca había oído a nadie mezclar tan bien y con tanta rapidez como Kevin. Él entiende el rock'n'roll. Entiende a los guitarristas y lo que quieren. Cuando está trabajando un solo utiliza tres o cuatro tomas distintas y las pone en su sitio. A los guitarristas les encanta. Es muy rápido y perspicaz y no pierde el tiempo. No te tiene dando vueltas, obligándote a hacer cosas que no harías de manera natural.»

The Ed Hunter Tour

«El "*Ed Hunter Tour*" fue genial, pero no había un nuevo álbum, no existía material
reciente que presentar, así que fue una situación algo extraña.»

Steve Harris

The *Ed Hunter Tour* se llevó a cabo entre el 11 de julio y el 10 de octubre
de 1999, recorriendo Canadá, Estados Unidos y Europa, con un total de
veintiocho conciertos, dos de ellos en España, con los estadounidenses Megadeth como teloneros: 25 de septiembre, en el Palacio Olímpico de Badalona, ante once mil espectadores, y 26 de septiembre en la plaza de toros La
Cubierta de Leganés.

La fecha en el municipio madrileño, ante otros once mil aficionados, con
entradas a cuatro mil pesetas (24 euros), sirvió para que la prensa generalista
española agradeciese el retorno de Dickinson y Smith y colocase a la banda
en el pedestal que le correspondía, tal y como explicaba desde sus páginas *El
País*: «Podrá pensarse que su reunión obedece a intereses económicos. Bien
es cierto que Iron Maiden es una de las empresas más rentables y compe-
titivas del mundo musical, si se nos permite entrar en terrenos financieros.
Igual verdad es que la banda sabe montar canciones veloces, duras y con
vertiginosos cambios de ritmo. Es metal que con el tiempo se ha convertido
en clásico, ya que otras formas dentro del género lo han relegado a un segundo plano. Tal vez la vuelta de viejos leones como ellos permita revivir los
tiempos de antaño. Por lo pronto, la gira ha significado un evidente éxito,
mientras se esperan con deseo sus andaduras musicales para el año 2000».

Brave New World

«Es clásico, antiguo, como lo quieras llamar.
Es el 'sonido Maiden' que a todo el mundo le gusta escuchar en un disco.»

Bruce Dickinson

Situados en el número 20 de la avenida Belle Gabrielle de Suresnes, una
pequeña población a poco más de diez kilómetros del centro de París, los
estudios Guillaume Tell fueron construidos en 1986 por el ingeniero de sonido Roland Guillotel y cuentan con dos salas de grabación, más una anexa

para el proceso de mezclas, por las que habían pasado, entre otros muchos, artistas como Ozzy Osbourne, Rush, Yes o Gary Moore.

En ellos, entre mediados de 1999 y 2000, Iron Maiden se embarcaron en la grabación de su duodécimo segundo álbum, por otro lado, el primero que reunía a la que ha sido su formación más duradera, incluyendo el trío de guitarras formado por Murray-Smith-Gers. Según explicaría Murray, «podemos añadir tres armonías de guitarra, lo que es genial, porque a veces tuvimos que dejar eso fuera de un disco, ya que no podíamos hacerlo en directo. Ahora nos doblamos en algunos solos, lo que lo hace más interesante y jodidamente más heavy». Gers añadiría, «sonamos como los Iron Maiden clásicos, ¡pero mucho más heavy!».

Brave New World, título inspirado en el de la famosa novela que el escritor y filósofo británico Aldous Huxley publicó en 1932, supondría un retorno por todo lo alto para Dickinson, al tratarse de un disco de sonoridades actuales, una evolución de los planteamientos presentados en *Seventh Son of a Seventh Son*, sin que por ello el sexteto perdiese la esencia de su propio sonido. Para Dickinson: «Volvimos a escribir tal y como lo hacíamos quince años antes. Viviendo juntos durante tres meses, escribiendo con unos y otros y escribien-

Brave New World marcó la vuelta al grupo del cantante Bruce Dickinson y del guitarrista Adrian Smith.

do por separado. Después nos reuníamos en una habitación y enseñábamos las canciones. Esa es la manera de hacer un disco, escribiendo todos juntos. En la práctica somos seis tíos de los cuales cinco componen, lo que implica mucha variedad en un disco.»

Aldous Huxley y la novela de 1932 *Brave New World* (*Un mundo feliz*) en la que Maiden se basó para su nuevo álbum.

Parte primordial en esa nueva sonoridad fue el trabajo de Kevin Shirley en la producción, como reconocería Harris: «Kevin da lo mejor de sí mismo en todo momento, obteniendo las mejores tomas grabadas en directo o a la hora de doblar las guitarras. Consigue el mejor resultado en todos los aspectos y, además, hemos disfrutado trabajando con él».

En general, la prensa especializada recibió *Brave New World* de manera entusiasta, como fue el caso de *Kerrang!*, que lo describió como «majestuoso», aunque *New Musical Express*, que fue una de las pocas excepciones, lo calificó sin demasiados miramientos como «obsoleto». No obstante, la última palabra, la realmente valiosa, la tuvieron los compradores, que encumbraron el disco a lo más alto de los ránkings, convirtiéndolo en Top Ten en Austria, Finlandia, Alemania, Italia, Noruega, Suecia y, como no, Gran Bretaña. Del disco se extrajeron dos singles, «The Wicker Man», nuevo clásico de Maiden y constación musical del retorno de Smith y Dickinson, quienes firmaban el tema junto a Harris, y «Out of the Silent Planet», obra de Dickinson, Harris y Gers e inspirada parcialmente en el clásico del cine de ciencia ficción *Planeta prohibido*, dirigida en 1956 por Fred M. Wilcox.

Junto a las renovadas ansias por protagonizar un nuevo y revitalizante episodio, la banda también se propuso enmendar algunas experiencias pasadas, especialmente la relativa a la duración de las giras. Si bien el carácter mastodóntico de *The Beast on the Road*, *World Slavery Tour* o *Somewhere on Tour* había servido para ganarse a cientos de miles de fans en todo el mundo, resultaron muy costosas a nivel físico y mental. Aquellas giras tuvieron un sentido tan justificado como maquiavélico, por lo que su longevidad había perdido sentido a comienzos del siglo XXI. De ahí que a partir de entonces la gira más extensa que Iron Maiden han llevado a cabo haya sido *Maiden England World Tour*, con la que entre junio de 2012 y julio de 2014 ofrecieron cien conciertos. En los años ochenta, en ese mismo *lapsus* de tiempo la banda habría ofrecido trescientas actuaciones.

Desde 2000, los periplos no han perdido su carácter internacional, pero han sido más concienzudos y selectivos. Así, el *Brand New World Tour*, llevado a cabo entre los meses de junio de 2000 y enero de 2001 (aunque también se incluyen las fechas en la Brixton Academy de Londres de marzo de 2002 –días 19, 20 y 21– que darían lugar a la publicación el 3 de enero de 2005 de una nueva versión en vivo y en formato sencillo del clásico «The Number of the Beast»), acabó consistiendo en ochenta y una fechas, tras nueve cancelaciones (incluída la fallida participación en el festival Open Air de Mijas, España), repartidas por Europa (38), Canadá (4), Estados Unidos (27), Japón (8) y Sudamérica (4).

Brave New World, la gira de Iron Maiden en el
año 2000.

Dicha gira valoró tanto la aparición en festivales como el Dynamo Open
Air holandés, el Gods of Metal italiano, el Graspop Metal belga o el Roskilde
danés (lo cual implica una especial atención por parte de los medios de comunicación internacionales, o dicho de otra manera, publicidad gratis),como el
contentar a los países en los que la banda cuenta con una parroquia fiel, caso
de Estados Unidos, Japón o España, que fue el país europeo donde Maiden
ofrecieron un mayor número de actuaciones: San Sebastián, el 18 de julio, en
el Velódromo de Anoeta, ante unos siete mil quinientos espectadores; Madrid
(19 de julio, plaza de toros Las Ventas), Murcia (22 de julio, Polideportivo Los
Alcáceres) y Barcelona (23 de julio, Palau Sant Jordi). En estas cuatro fechas,
con entradas a cuatro mil quinientas pesetas (27 euros) las bandas teloneras
fueron el quinteto sueco Entombed, que presentaban su álbum *Same Differen-*
ce, y Spiritual Beggars, cuarteto que hacía lo propio con *Ad Astra*.

Del concierto en la capital de España, *El País* se hacía eco de la novedosa
presencia de tres guitarras sobre el escenario, pero hacía especial hincapié en
la contextualización de Iron Maiden a comienzos del siglo XXI: «En la actual
gira, lejos de entonar uno tras otro los importantes éxitos de tiempos pasa-
dos, Iron Maiden entra a morder el recientemente editado *Brave New World*,
un álbum que resume las virtudes de su metal tradicional de estructuras muy
creativas. En ese sentido, por cierto, el citado trabajo gana enteros con cada
nueva escucha. Quiere esto decir que el rock duro de la Doncella mantiene su
legítima representación en el año 2000.

El estilo metálico –recuperado en Europa por nuevas formaciones de corte épico y lujoso en instrumentación– ha logrado con esta nueva fase de Iron Maiden un nuevo rejuvenecimiento del género.»

○ ○ ○

La gira mundial de *Brand New World* no olvidó la fidelidad de los fans de América del Sur, por lo que a comienzos de 2001 Maiden visitaron México (9 de enero, en el Foro Sol con motivo de la primera edición del Headbanger's Fest, en el que también participaron Halford y Queensrÿche, ante treinta y cinco mil espectadores), Argentina (13 de enero, en una actuación en el estadio Vélez Sarsfield de Buenos Aires en la que se escucharon silbidos al inicio de «The Trooper»), Chile (15 de enero, Estadio Nacional de Santiago de Chile, también con Rob Halford como telonero) y Brasil, en Río de Janeiro.

Precisamente la actuación en el festival Rock in Rio del 19 de enero ante un cuarto de millón de espectadores serviría para que posteriormente el sexteto presentase el testimonio de su reunión, mediante el lanzamiento del CD y DVD *Rock in Rio*. Documentos sonoro, número 1 en Gran Bretaña, y visual, número 2 en Estados Unidos, de obligado repaso por lo representativo del concierto, tal y como recordaría Murray años después: «Fue una experiencia impresionante. Sonamos muy compactos y la euforia del público y el gran ambiente fueron brutales. Nunca habíamos experimentado algo así.»

Iron Maiden en el festival Rock in Rio en el año 2001.

○ ○ ○

Junto al menor número de conciertos, otra de las muestras que evidencian una estrategia más pausada en cuanto a la actividad de Iron Maiden a lo largo de los últimos años se produjo en 2002, cuando, a excepción de las tres únicas actuaciones celebradas en el mes de enero en el Brixton Academy de Londres, la banda se limitó a satisfacer a sus fans a través de una palpitante campaña de distribución de material sonoro y videográfico. Aquel año, además de los citados doble CD y DVD *Rock in Rio*, vieron la luz y en la misma fecha, 4 de noviembre, los también dobles álbumes de directo *BBC Archives* y *Beast over Hammersmith*, así como los recopilatorios *Best of the 'B' Sides* (doble CD) y *Edward the Great* y la *boxset Eddie's Archive* (tres dobles CD). Steve Harris había aprendido a manejarse en el negocio musical.

De estos trabajos citados, es *BBC Archives* el que merece una mayor atención, puesto que, tal y como su nombre indica, reúne material perteneciente a los mejores momentos en el inicio de la banda, auténtica arqueología musical.

Tanto con Paul Di'Anno como con Bruce Dickinson, *BBC Archives* contiene temas interpretados en el programa de Radio 1 *Friday Rock Show* de 14 de noviembre de 1979 («Iron Maiden», «Running Free», «Transylvania» y «Sanctuary»); el Festival de Reading, en su edición de 1980 (23 de agosto, «Prowler», «Remember Tomorrow», «Killers», «Running Free», «Transylvania» y «Iron Maiden») y de 1982 (28 de agosto, «Wrathchild», «Run to the Hills», «Children of the Damned», «The Number of the Beast», «22 Acacia Avenue», «Transylvania», «The Prisoner«, «Hallowed be thy Name», «Phantom of the Opera» y «Iron Maiden») y el festival Monsters of Rock, el 20 de agosto de 1988 («Moonchild», «Wrathchild», «Infinite Dreams», «The Trooper», «Seventh Son of a Seventh Son», «The Number of the Beast», «Hallowed be thy Name» y «Iron Maiden»).

Dance of Death

> «Quiero ser un aficionado en todo lo que hago. Un aficionado, en el buen sentido
> del término, es alguien que ama lo que hace.»
> **Bruce Dickinson**

Iron Maiden se encerraron durante los meses de enero y febrero de 2003 en los estudios Sarm West de Notting Hill, Londres, erigidos sobre una antigua iglesia que Chris Blackwell, fundador de Island Records, había convertido en los años setenta en los estudios Basing Street. Por los Sarm West pasarían artistas del calibre de Bob Marley, Bad Company, Robert Palmer, King Crimson, Mott the Hoople, Roxy Music o Jethro Tull, acogiendo, además, en el mes de noviembre de 1984, la grabación del archipopular «Do They Know it's Christmas?», de la Band Aid.

En el caso de Maiden, el resultado de aquellas sesiones invernales fue *Dance of Death*, publicado el 2 de septiembre y producido de nuevo por Kevin Shirley y Steve Harris. El disco, del que se extrajeron dos singles Top 20 en Gran Bretaña, «Wildest Dreams» (número 6) y «Rainmaker» (número 13), significó un retorno a los sonidos más primarios de la banda, con reminiscencias en las letras a contiendas como la cruzada albigense del siglo XIII («Montségur», nombre de la población francesa en la que en 1244 se produjo un episodio brutal a manos del ejército papal durante la citada cruzada), la Guerra de Irak («Face in the Sand») o la Primera Guerra Mundial («Paschendale», inspirada en la Batalla de Passchendaele, Bélgica, de 1917, en la que murieron medio millón de soldados de ambos bandos), tomando para su título referencia cinéfila en la película *El séptimo sello* (1956), del director sueco Ingmar Bergman. Como novedad, el disco incluía la primera composición de Nicko para la banda, «New Frontier»: «Tenía la letra y la melodía, pero se la enseñé a Adrian y trabajamos en el cambio y el estribillo»; después Bruce participaría en la pieza «que no acababa de funcionar», añadiendo Adrian, finalmente, los solos de guitarra.

Tras granjearse el beneplácito de la prensa musical –*Kerrang!*, por ejemplo, le concedió cinco estrellas–, el disco fue presentado mediante el previsible y consiguiente *Dance of Death World Tour*, que del 19 de octubre de 2003 al 8 de febrero de 2004 llevaría al sexteto a ofrecer tan sólo cincuenta y un conciertos por Europa, Canadá, Estados Unidos, Sudamérica y Japón, aunque, eso sí, actuando ante un total de setecientos cincuenta mil espectadores. Como ya se ha dicho, por entonces el sexteto se planteó formalmente una manera diferente para la realización de las giras: «Todos queremos pasar más tiempo en casa con

Dance of Death es el decimotercer álbum de estudio de la banda británica Iron Maiden.

las familias. No puedes hacer esto toda la vida. Si giramos durante seis o nueve meses, no vemos a nuestras familias (...). El show que hacemos es muy exigente físicamente. Además de nuestras familias, queremos cuidar nuestros cuerpos.»

Antes, no obstante, de la gira, y entre el 23 de mayo y el 30 de agosto de 2003, la banda actuó por Europa y Estados Unidos con el *Give Me Ed... 'Til I'm Dead Tour*, lo que les llevó a pasar una vez más por España, donde recaló, el 23 de mayo, en el Coliseum de A Coruña (ante once mil espectadores y las entradas agotadas); 24 de mayo, en el Palacio de los Deportes de Gijón (nueve mil espectadores); 11 de junio, en el Palau Sant Jordi de Barcelona; 12 de junio, en la plaza de toros de Las Ventas de Madrid; 13 de junio, en la Plaza de Toros de Illumbre; 11 de julio, en el Festival Espárrago Rock de Jerez, y el 12 de julio, en el Metalmania de Albacete.

Ya en otoño, Maiden regresarían una vez más a España para actuar en el Pavelló Olímpic de Badalona, el 1 de noviembre, y en el Palacio Vistalegre de Madrid, al día siguiente.

○ ○ ○

En 2004 la banda también visitaría, una vez más, Argentina (11 de enero), Chile (13 de enero) y Brasil (16 y 17 de enero).

El diario argentino *Página 12* se refirió a la actuación porteña, oficiada ante veinte mil personas, en los términos siguientes: «La fórmula es inquebrantable: para una banda clásica, épica, casi ajena al paso del tiempo, nada mejor que un público fiel, tradicionalista en gustos y austero en estética: a lo sumo remera (camiseta) con Eddie dibujado o lisa, jeans –chupín o no–, pelo largo y alguna que otra tacha.»

Dance of Death World Tour fue la gira soporte del álbum *Dance of Death*.

Tras recordar las anteriores visitas a Argentina (Ferro, en 1992, cuarenta mil espectadores; 1996, Dos Obras, diez mil, y 2001, Vélez, treinta mil), el artículo criticaba la 'minimalista' puesta en escena de la banda («Cada vez que vuela a Sudamérica, el grupo presenta un vestuario sencillo, música frontal –pese a ciertas excentricidades– y escenografía mínima: ni una luz de más, sonido perfecto, una especie de castillo como plataforma y la bestia robando escena sólo en momentos específicos») y la 'escasa' duración del concierto («Hubo silbidos, alguna queja por cierta incompatibilidad entre el alto valor de la entrada y la duración del show, pero al cabo la protesta no pasó a mayores»), aunque apreció, eso sí, las virtudes del flamante *Dance of Death*, al que calificó de «un sonido más duro y compacto que *Brave New World*».

● ● ●

Para dar constancia de la gira, el 29 de agosto de 2005 se publicaría el doble CD *Death on the Road*, que incluía la actuación del 24 de noviembre de 2003 en el Westfalenhalle de Dortmund y del que se lanzaría como single la versión en vivo del clásico «The Trooper», que llevaría de nuevo a la banda a los primeros puestos de las listas de sencillos internacionales, logrando el quinto puesto en Gran Bretaña, Suecia, Finlandia y Canadá.

Producido al alimón por Steve Harris y Kevin Shirley, el disco reunía dieciséis canciones que corroboraban el excelente estado de forma del sexteto. De hecho, el disco fue Top 20 en seis países (Finlandia, Suecia, Noruega, Francia, Alemania, Suiza e incluso España), además de obtener buenas clasificaciones en otros como Gran Bretaña (donde además consiguió un Disco de Plata), Austria, Italia, Bélgica y Holanda.

La versión en DVD de *Death on the Road*, distribuida a partir del 6 de febrero de 2006 y número 1 en Gran Bretaña, incluía, además, los documentales *Death on the Road* y *Life on the Road*.

El affaire con Sharon Osbourne

«El Ozzfest es un evento de rock corporativo.»
Bruce Dickinson

Desde 1996 Ozzy Osbourne y su esposa Sharon organizan anualmente uno de los mejores festivales de música heavy, el Ozzfest. Una convocatoria musical que a partir de 2001 ha tenido ocasionalmente carácter itinerario y que en su edición de 2005 contó con la presencia de Iron Maiden. Aquel año, el Ozzfest se presentó en el Download Festival, cuya organización instauró el Ozzfest Day el sábado 11 de junio, con Black Sabbath, Velvet Revolver, HIM, Anthrax, After Bridge, A Bowling for Soup, The Mad Capsule Markets, The Dwarves y Trivium como artistas invitados. No obstante, Iron Maiden pariciparían en la edición nodriza del Ozzfest, que aquel año tuvo lugar a lo largo de tres tramos, llevados a cabo entre el 15 de julio y el 4 de septiembre, en veintisiete localides estadounidenses.

Ozzfest es un festival anual de rock en general realizado en los Estados Unidos y ocasionalmente en Europa.

En la última noche de la gira, la celebrada el 20 de agosto en el Hyundai Pavilion de San Bernardino, se produjó un rifirrafe entre Bruce y Sharon Osbourne a raíz del contínuo lanzamiento de objetos por parte del público hacia la banda, llegando incluso el cantante a ser escupido. Dickinson alegó que esos actos habían sido deliberadamente provocados e instó a que el propio público redujese a los alborotadores, proclamando la frase: «This is a fucking english flag and these colours don't run!»

Camiseta promocional del festival Ozzfest del año 2005.

Los incidentes no acabaron ahí, ya que justo al final de la actuación de Maiden, aún con la banda sobre el escenario, el presentador del festival animó al público a corear «Ozzy, Ozzy», a lo que Dickinson respondió a su vez instando a que el respetable gritase «Maiden, Maiden». Entonces, Sharon ordenó cortar sonido y, después de que

Bruce abandonase el escenario, se dirigió al público para faltarle el respeto al vocalista de la Doncella de Hierro. El deplorable incidente se remontaba a unas declaraciones anteriores a la gira, en las que Dickinson afirmaba que Maiden eran una banda de verdad y no un *reality show*, en alusión al programa *The Osbournes*, emitido por la cadena MTV.

Días después del festival, Sharon reconocería públicamente en relación a Bruce: «¿Fue tan tonto como para pensar que iba a dejarle salirse con la suya, después de insultar a mi familia noche tras noche? Creo que no sabe con quién está tratando.» Por su parte, el cantante de Maiden se despacharía diciendo: «El Ozzfest es un evento de rock corporativo en el que se venden las primeras doce filas a empresas y no a los chavales. Muchas de las bandas pagan un montón de dinero para estar en el Ozzfest. No son unas vacaciones para las bandas, es una farsa. Muchas de las bandas están ahí porque pagan para estar ahí. Así es como funciona. Les preguntamos: ¿Por qué no hay gente en las primeras filas?, y nos dijeron: Porque es un área restringida. Así que lo comenté todas las noches. Vi a un gordo estúpido con pelo engominado comiéndose una hamburguesa con cincuenta asientos vacíos a su alrededor. ¿Dónde están los chavales? Tras la barrera y no pueden acercarse porque esa es la manera como se gestiona el recinto. Apesta.» Tras aclarar el motivo de la disputa, Dickinson añadiría sobre Sharon: «No es que yo quiera montar un culebrón: ella es un culebrón. Eso es lo que es *The Osbournes*. En cambio, Iron Maiden somos Iron Maiden y no participamos en esa clase de mierda.»

La polémica enfrentó a Bruce Dickinson con Sharon Osbourne en el Ozzfest de 2005.

A Matter of Life and Death

> «Siempre hay un poco de presión tras la publicación del último disco,
> pero en cierto sentido es algo bueno, porque te motiva.
> Nunca nos damos por satisfechos: por encima de todo,
> siempre buscamos lo mejor para nosotros.
> Aunque la presión por un nuevo disco esté ahí, nosotros vamos a lo nuestro. Lleva-
> mos mucho tiempo en esto y sabemos lo que tenemos que hacer.»
>
> ***Bruce Dickinson***

Con fecha de prelanzamiento del 25 de agosto de 2006 en Italia y Finlandia (lógico en el segundo país, pues es uno de los más fieles al grupo), y del 28 de agosto en el resto del mundo (en Estados Unidos, Canadá y Japón la fecha de publicación fue el 5 de septiembre), el sexteto comenzó a componer *A Matter of Life and Death* a finales de 2005, una vez concluido el exitoso *Eddie Rips Up the World Tour*, cuarenta y cinco conciertos por Europa, Estados Unidos y Canadá (llevados a cabo entre el 28 de mayo y el 31 de agosto de 2005), que a su paso por España les llevó a participar en el festival Lorca Rock, el 18 de junio.

Tras las Navidades de 2005, Maiden se encerraron de nuevo en los estudios Sarm West junto al productor Kevin Shirley, que durante las sesiones, en parte recogidas en un documental de media hora incluído en una edición limitada del disco, tuvo que aceptar la decisión de Harris de no masterizar las cintas, con la intención de eximir a las canciones de cualquier atisbo de frivolidad tecnológica. Además, como la fase de grabación se desarrolló con bastante celeridad, entre el 1 de marzo y el 4 de mayo de 2006, los temas adoptaron una frescura e inmediatez añadidas.

Harris declararía que el disco era «lo más heavy que nunca hayamos hecho, aunque también es muy progresivo; no en el sentido actual de unos Dream Theater, sino más bien al estilo de los años setenta.» El bajista llegaría a puntualizar: «En los últimos álbumes puedes oír nuestras influencias más que nunca. Lo primero de Genesis, Wishbone

A Matter Of Life And Death llegó a ser top ten en las listas *Billboard* y fue un notable éxito en muchos países del mundo.

Ash y Jethro Tull en particular. Hay un par de cosas en el nuevo disco en las que realmente puedes sentir la influencia de los Tull, especialmente la parte central de «Out of the Shadows». No hemos copiado a Tull, ni siquiera ha sido un homenaje. Sencillamente salió de forma natural.»

McBrain también defendería la inspiración de *A Matter of Life and Death*, considerándolo como «uno de los mejores discos que he hecho con esta banda», admitiendo de paso las influencias del rock progresivo: «Algunos de los sonidos de este álbum vienen directamente de los años setenta. Es definitivamente un álbum que está dentro del terreno progresivo y necesita ser escuchado con los auriculares bien puestos.»

Por su parte, Dave opinaría que *A Matter of Life and Death* «no suena a nada que hayamos hecho. Hay un par de temas que creo que los fans aceptarán rápidamente, «Brighter than a Thousand Suns», porque es completamente épico, y «For the Greater Good of God»; los fans dirán: 'Son puro Steve Harris'. Aunque están en el mismo disco, son dos mundos totalmente distintos.» Dickinson sería el más categórico al opinar que *A Matter of Life and Death* «es lo mejor que hemos hecho desde *Piece of Mind*.»

El recibimiento por parte de la prensa fue muy favorable, aunque el público quedó un tanto descolocado cuando la banda decidió interpretar al completo el disco durante una parte de los conciertos del *A Matter of Life and Death Tour*.

A Matter of Life and Death fue una gira de conciertos de la banda británica de heavy metal Iron Maiden, realizada durante los años 2006 y 2007 para promocionar su decimocuarto álbum de estudio *A Matter of Life and Death*.

Del disco, que consiguió entrar espectacularmente en el Top Ten de Estados Unidos al vender sesenta mil copias en su primera semana en las tiendas, se extraerían dos singles: «The Reincarnation of Benjamin Breeg», de Dave Murray y Steve Harris, publicado el 14 de agosto, y «Different World», obra de Adrian Smith y Steve Harris, publicado el 14 de noviembre. A diferencia del álbum (número 1 en Finlandia, Alemania, Italia, Polonia y Suecia, además de Top Ten en otros trece países), ambos singles tuvieron una proyección moderada, a duras penas Top 40 en media docena de países, si bien «The Reincarnation of Benjamin Breeg» lograría la primera posición en Finlandia y Suecia.

○ ○ ○

El citado *A Matter of Life and Death Tour* estuvo organizado en dos tramos: el propiamente *A Matter of Life and Death*, que del 4 de octubre al 23 de diciembre de 2006 recorrería Estados Unidos, Japón y Europa, y un segundo que bajo el nombre de *A Matter of the Beast* recorrería Asia y Europa entre el 9 de marzo y el 24 de junio de 2007. Como ya se ha dicho, en las fechas de 2006 el sexteto repasaría con detalle su reciente trabajo (seis de los diez temas que lo formaban: «Different World», «These Colours don't Run», «The Longest Day», «Out of the Shadows», «The Reincarnation of Benjamin Breeg» y «For the Greater Good of God»), mientras que la segunda parte de la gira, desarrollada en 2007, sirvió para celebrar el vigésimo quinto aniversario de la publicación de *The Number of the Beast*, lo que implicó que el *setlist* incluyese cuatro temas de esta obra maestra («Children of the Damned», «The Number of the Beast», «Run to the Hills» y «Halloweed be thy Name»), además de otros correspondientes a *A Matter of Life and Death* y otros clásicos como «Wrathchild», «The Trooper», «Two Minutes to Midnight» o «The Evil that Men Do».

○ ○ ○

Contando con bandas teloneras de lujo como Motörhead, Mastodon o In Flames, entre otras, el *A Matter of Life and Death Tour* visitaría Estados Unidos, Canadá, Japón y Europa entre el 4 de octubre y el 23 de diciembre de 2006, mientras que, tras cuatro fechas en el mes de marzo de 2007, repartidas por Emiratos Árabes (día 9), Grecia (día 11), Serbia (día 14) e India (día 17), el *A Matther of the Beast Tour* tendría lugar entre el 2 y el 24 de junio de

2007. Al primer recorrido corresponde la actuación del 30 de noviembre de 2006 en el Palau Sant Jordi de Barcelona, con Lauren Harris, hija de Steve, y Trivium como teloneros y ante dieciocho mil espectadores, mientras que al segundo, la del 21 de junio de 2007 en Bilbao,corresponde la participación en la segunda edición del festival BBK Live, calificada por el diario vasco *Deia* como «el año heavy del festival», al contar con otras grandes estrellas del género, como Red Hot Chili Peppers, Mastodon, New York Dolls o Metallica.

La actuación barcelonesa, llevada a cabo ante veinte mil espectadores, sirvió para que el rotativo *El País* aprovechase para evaluar *A Matter of Life and Death*, del que afirmó: «Los nuevos temas de la virginal doncella de hierro entroncan directamente con su ya abultada producción (no olvidemos que la banda nació en 1978), y esa es posiblemente la única pega que se le puede poner a lo que fue un gran concierto: todo sonaba a conocido.»

A esa misma premisa le daría la vuelta *La Vanguardia*, que bajo el titular 'Iron Maiden deja a sus fans españoles sin nostalgia en Barcelona', relataría: «La banda de heavy metal Iron Maiden, La Doncella de hierro, ha dejado a sus fans españoles más nostálgicos, de hasta tres generaciones diferentes, sin la oportunidad de escuchar sus temas clásicos, reservando gran parte del concierto a su nuevo álbum (…). Los fans han echado de menos 'los temas clásicos', tal y como han repetido a *Efe* diversos seguidores de la formación británica. Casi dos horas de show austero, pero efectista, han tenido que esperar los fans del grupo para escuchar las míticas «Fear of the Dark», «2 Minutes to Midnight», «The Evil that Man Do» y «Iron Maiden», que los británicos han querido reservar para los bises.

La banda ha dedicado dos tercios del concierto a repasar por entero su novedad discográfica, con temas como «A Different World», «The Reencarnation of Benjamin Breeg», «Lord of Light», «The Legacy», «Out of Shadows», «The Pilgrim» o «These Colours don't Run».»

● ● ●

A finales de diciembre de 2006, tras los últimos conciertos del *A Matter of Life and Death Tour*, Iron Maiden participarían en la primera temporada de *Live From Abbey Road*, espacio de televisión rodado en los famosos estudios de EMI en los que los Beatles habían grabado en los años sesenta. Emitido el 30 de marzo de 2007 por la cadena británica Channel 4, el sexteto aparecería en el programa número 11 junto a la cantante pop británica Natasha

Bedingfield y los franceses Gipsy Kings, interpretando, además de ofrecer una breve entrevista, los temas «Brighter than a Thousand Suns» y «Halloweed by the Name».

En 2006 Iron Maiden participarían en la primera temporada de *Live From Abbey Road*.

Una de las anécdotas de aquel segundo periplo se produjo en el concierto que lo daba por terminado, celebrado el 24 de junio en la Brixton Academy de Londres, a favor de la fundación creada por los propios Maiden en 2002 en homenaje a su viejo camarada Clive Burr, afectado de esclerosis múltiple. Esa iniciativa daría lugar a que dos años después el propio Burr constituyese su propia fundación, Clive Aid, con la que recaudaría fondos mediante la organización de conciertos. La Clive Burr Trust MS Foundation recibiría una primera aportación de doscientas treinta y cinco mil libras, la cual ayudó a paliar tanto las necesidades surgidas a raíz de la enfermedad, como el coste de un viaje a Bélgica para que Clive fuese tratado por un especialista y resolver el acuciante pago de la hipoteca que el músico debía y cuyo montante ascendía a sesenta mil libras. Lamentablemente, al final la enfermedad ganaría la batalla, llevándose a Clive Burr para siempre el 12 de marzo de 2013, con tan sólo 56 años.

Nostalgia por los años ochenta

«Iron Maiden siempre han tenido una energía inherente
y esa energía es la que nos mantiene en activo.
Hacer una gira es también algo que te permite conservar el interés,
porque siempre hay una ciudad nueva y un desafío nuevo en el camino.»

Dave Murray

A pesar de que sus últimos trabajos habían conseguido muy buena aceptación tanto por parte de la prensa especializada como por la del público, Iron Maiden eran conscientes, de hecho siempre lo han sido, de la opinión de sus seguidores. Y, por regla general, los fans de Maiden siempre han guardado especial recuerdo de determinados momentos de la carrera de sus ídolos.

Somewhere Back in Time es un álbum recopilatorio que contiene una selección de canciones de sus siete primeros álbumes.

A nadie se le escapa que al período dorado del sexteto londinense corresponden sus trabajos publicados a lo largo de los años ochenta. De ahí que Harris y sus acólitos decidiesen en 2007 organizar una gira volcada en rememorar tres de sus trabajos más significativos, *Powerslave*, *Somewhere in Time* y *Seventh Son of a Seventh Son*. De haber sido otra formación, muchos hubiesen entendido esa idea como una excusa para obviar tiempos de crisis creativa, pero los resultados de sus últimos discos descartaban esa suposición. Era, sencillamente, la voluntad de saciar la nostalgia legítima de sus más acérrimos seguidores. Y la suya propia.

Así nació *Somewhere Back in Time World Tour*, una gira de noventa conciertos repartidos en cuatro tramos que la banda llevó a término entre el 1 de febrero de 2008 y el 2 de abril de 2009 y que se vería acompañada de un nuevo recopilatorio, *Somewhere Back in Time*, publicado el 12 de mayo de 2008 y formado por quince cortes que incluían una selección de los álbumes *Iron Maiden*, *Killers*, *The Number of the Beast*, *Piece of Mind*, *Powerslave*, *Live After Death*, *Somewhere in Time* y *Seventh Son of a Seventh Son*.

En cuanto al repertorio de la gira, para él se recuperaron temas que hacía tiempo no se habían escuchado en directo, como «Moonchild» o «Rime of the Ancient Mariner», mientras que para la escenografía hicieron lo propio recreando la del *World Slavery Tour*, combinada con algunos elementos del *Somewhere on Tour*, tal y como se puede apreciar en el documental que filmaron los canadienses Scot McFadyen y Sam Dunn, estrenado en algunas salas de cine de una cuarentena de países el 21 de abril de 2009 bajo el título *Iron Maiden: Flight 666*.

Imagen promocional para el documental *Iron Maiden: Flight 666*.

El origen del título del DVD vino a colación por el uso de un Boeing 757, cedido por la compañía Astraeus Airlines, rebautizado como Ed Force One (nombre a su vez inspirado en el del avión presidencial estadounidense, Air Force One), que la banda comenzó a utilizar para sus desplazamientos intercontinentales. El piloto del aparato fue nada menos que el propio Dickinson, quien en posteriores giras continuaría encargándose de esa tarea. Así, en *The Final Frontier World Tour* de 2011 pilotaría un nuevo Boeing 757, mientras que en *The Book of Souls World Tour* de 2016 y 2017 comandaría un Boeing 747-400, propiedad de Air France.

La banda comenzó a utilizar para sus desplazamientos
intercontinentales un Boeing que pilotaría el propio
Bruce Dickinson.

Volviendo al *Somewhere Back in Time World Tour*, el resultado de aquellos conciertos fue de éxito absoluto. Con teloneros como Lauren Harris,
Anthrax, Within Temptation, Slayer o Carcass, entre otros, logró reunir a
un total de dos millones de espectadores, visitando por primera vez países
como Costa Rica, Colombia, Venezuela, Puerto Rico y Ecuador, además de
repetir en países tan poco frecuentes en el itinerario de un grupo de rock
como India, Emiratos Árabes o Rusia.

De esta primera estancia en Colombia, Dickinson recordaría años más
tarde: «La primera vez que tocamos allí estábamos impresionados por la
dedicación y la resistencia de la gente que acampó fuera del parque durante
casi una semana. Nunca había visto tanto espíritu; ni la lluvia fue impedimento. Estuvo fenomenal. Realmente está entre los mejores momentos
del mundo.» Aunque el cantante también confesaría su animadversión por
visitar la capital del país por motivos comprensibles: «Eso fue hace mucho,
cuando la ciudad tenía muchísimos problemas con los cárteles de la droga y
los capos, hace más de veinte años. Las cosas han cambiado mucho. En todo
caso, eso nunca tuvo que ver con la gente colombiana. Los colombianos son
fantásticos.»

Al final, aquella gira no sólo significó el agradecimiento de Iron Maiden a
su público, sino el reconocimiento de éste a una de las bandas más influyentes de los últimos treinta años.

7. La última década

«Según te vas haciendo mayor te das cuenta de que el rock
no es el mundo real. Estar en la carretera y todo lo que conlleva
es sólo una parte de tu vida y, por suerte, la mayor parte de ella
está fuera del autobús y de las salas de conciertos.»

Bruce Dickinson

Con más de tres décadas a sus espaldas, Iron Maiden se habían convertido
sobradamente en uno de los nombres más ilustres del heavy metal internacional. Una de las pocas formaciones de su generación que habían perpetua-
do su marchamo entre los aficionados más jóvenes del rock, sobreviviendo
a las modas, a la crisis del negocio musical y al reto artístico de renovarse en
cada nuevo trabajo sin perder su esencia.

Así, diez años después del cambio de milenio, y con sus miembros sobre-
pasando la cincuentena, Iron Maiden, siempre fiables en directo, decidieron, tras cuatro años de silencio discográfico, volver al estudio donde en el
pasado habían empacado algunos de sus discos clásicos, el Compass Point
de Bahamas, y en un mes –del 11 de enero al 12 de febrero de 2010– deja-
ron prácticamente definidas las diez canciones que darían lugar a *The Final
Frontier*: «Pensamos que sería una buena idea ir de nuevo a las Bahamas,
donde habíamos grabado varios álbumes en los años ochenta –declararía
Murray– El ambiente es increíble y el estudio nos es familiar. De hecho, es
tan familiar porque no ha cambiado en veinticinco años.»

Para completar el álbum, la banda se trasladaría después, del 17 de febrero
al 1 de marzo, al estudio The Cave de Malibú, para registrar las pistas de
voces y hacer las mezclas. La rapidez de toda la grabación fue posible gracias
a que el sexteto ya había estado trabajando en el nuevo material a finales de
2009 en París, tal y como había comentado Janick Gers a la BBC a comienzos del mes de noviembre.

La producción, una vez más, corrió a cargo de Kevin Shirley (según declararía por aquel entonces McBrain, Shirley «realmente entiende la esencia de
la banda y lo que somos»), respaldado por Steve Harris, quien a su vez participó en la composición de cada uno de los nuevos diez temas, lo que le ratificaba, una vez más, como la indiscutible *alma mater* del grupo. Adrian
Smith le fue a la zaga, colaborando en seis canciones. Para Harris *The Final*

Frontier es «un disco muy interesante, muy diverso y muy trabajado. Es un disco largo, una hora y cuarto, así que contiene mucha música. Con suerte, a la gente le gustará. Creo que es un disco muy inspirado y distinto a los anteriores».

En cuanto a la portada del álbum, ésta corrió de nuevo a cargo de Melvin Grant. Harris justificaría la participación de Grant en lugar de Riggs, puesto que éste último «es un tipo extraño, un poco loco; a veces es difícil llevarlo por donde quieres. A veces no sabemos si su mente está trabajando o no. Derek no estaba haciendo muchos dibujos y decidimos que fuera obra de Melvin la que ilustrara el nuevo trabajo.»

La prensa acogió con buenos ojos *The Final Frontier*, caso de *Metal Hammer* y *Kerrang!*, e incluso *Rolling Stone*, que en los últimos años se ha convertido en una publicación *mainstream*, lejos del interés por el rock que la había visto nacer, le otorgó tres estrellas sobre cinco. Asimismo,

The Final Frontier recibió reseñas favorables por parte de los críticos y alcanzó la primera posición en más de veinticinco países, entre ellos el Reino Unido

un organismo tan corporativo como los premios Grammy reconocieron el alcance de Iron Maiden, concediéndoles el premio a la Mejor Interpretación de Metal por «El Dorado», si bien el tema no es más que una de las muchas visiones musicales que contiene el disco, defendido por los miembros de la banda como uno de sus mejores trabajos, en los que su denodada búsqueda de nuevas sonoridades no desdeña en ningún momento su tradición sonora. Murray opinaría del Grammy: «Ya habíamos sido nominados hace unos años por «The Wicker Man». Estamos contentos, pero no es lo que define lo que haga o no haga Iron Maiden. Siempre hemos hecho las cosas a nuestra manera: viajar, hacer discos... Es un cumplido muy agradable ser reconocidos y tener este premio; es más, es el sueño de cualquier banda conseguirlo. Es algo muy bueno, pero existimos como banda porque tocamos para el público.»

Aunque publicado el 13 de agosto en Alemania, Austria y Finlandia, el día 17 en Estados Unidos y el 18 en Japón, *The Final Frontier* vio la luz oficialmente el 16 de agosto de 2010, consiguiendo el número 1 en la lista de éxitos de veintiocho países, entre ellos Chile, Colombia, México y España, y el Top Ten en otros nueve, incluyendo una flamante cuarta posición en Estados Unidos. Además, sus ventas le valdrían ser Disco de Platino en Brasil y Finlandia y Disco de Oro en otros once países (uno de ellos, Colombia).

Esa espectacular acogida se vió acompañada por la previsible gira internacional, *The Final Frontier World Tour*, que comenzaría el 9 de junio de 2010 en Estados Unidos y acabaría catorce meses después, el 6 de agosto de 2011, con dos conciertos en el O2 Arena de Londres.

The Final Frontier World Tour, la gira mundial que se inició el 9 de junio de 2010 en Dallas, Texas y terminó el 6 de agosto en Londres, Inglaterra.

Como artistas teloneros, Maiden contaron con un rosario de bandas, hasta una treintena, algunas tan relevantes como Dream Theater (en los conciertos estadounidenses), Heaven and Hell (lamentablemente, tan sólo en Noruega e Irlanda, debido al estado de salud del gran Ronnie James Dio) o Alice Cooper (en Finlandia y Noruega), aunque en algunos países se dio la posibilidad de hacer tal labor a bandas locales, caso de Maligno en México, Potestad en Colombia, Contracorriente en Perú o Barilari en Argentina.

La gira, de noventa y ocho conciertos, incluiría la participación de Iron Maiden en diez festivales, entre ellos Sonisphere, Wacken Open Air o Roskilde. Las actuaciones en España serían dos: Valencia, en el Auditorio Marina Sur, el 21 de agosto de 2010, y Madrid, en el Getafe Open Air el 16 de

julio de 2011, como cabezas de cartel de la tercera edición del festival Sonisphere, que aquel año también contó con bandas como Darkness, Dream
Theater, Mastodon o Slash. En esta ocasión cuarenta y cinco mil espectadores presenciaron la actuación del sexteto londinense.

En Valencia, con los alemanes Edguy como teloneros, Maiden convocaron
a veinte mil personas enfervorizadas, gracias a un repertorio perfectamente
elaborado, tal y como recogía en su crónica el rotativo *El País*:

«No hay en sus dos horas de espectáculo más que cinco o seis *flashbacks*
a la primera etapa en la que Dickinson lideró a la banda británica, antes de
abandonarla para volver a finales de los 90.

Es así como el ritmo inmisericorde de «The Wicker Man» o «Ghost of
the Navigator» impone su ley sobre esa especie de delirante plataforma espacial de esta gira, para no hacer prisioneros desde las primeras de cambio.
Es también la forma de que la grandilocuente epopeya de «Dance of Death»
reafirme la condición de excepcional *medium* de un Bruce Dickinson tan
teatralmente pletórico como de costumbre, sacando pecho de su reciente
número 1 en Reino Unido y dedicando «Blood Brothers» al recientemente
fallecido Ronnie James Dio. Y es así también como las escaladas épicas de
«These Colours don't Run» explicitan la pericia del apabullante trío de guitarras formado por Gers, Smith y Murray.»

● ● ●

La gira también recalaría masivamente en Latinoamérica, con sendas actuaciones en México (17 y 18 de marzo de 2011, con los locales Maligno como teloneros y diez mil y cincuenta mil espectadores en los respectivos conciertos de Monterrey y Ciudad de México), Colombia (20 de marzo, cuarenta mil espectadores), Perú (23 de marzo, cuarenta y cinco mil espectadores), Argentina (8 de abril, cuarenta y cinco mil espectadores) y Chile (10 de abril, sesenta mil espectadores). Precisamente ésta última y multitudinaria actuación sería filmada y, posteriormente, publicada el 23 de marzo de 2012 en doble CD y DVD bajo el título *En Vivo!* De ambos formatos, el que mayor atención captó fue el DVD, número 1 en ventas en once países, entre ellos España.

Imagen de la gira latinoamericana de *The Final Frontier World Tour*.

No obstante, un año antes de la publicación de *En Vivo!* vería la luz el séptimo recopilatorio del grupo, *From Fear to Eternity, The Best of 1990 – 2010*. A pesar de reunir una selección de los temas más representativos de los discos que van desde *No Prayer for the Dying* a *The Final Frontier*, los pertenecientes a *The X Factor* y *Virtual XI*, «Man on the Edge», «Sign of the Cross» y «The Clansman», son versiones en directo a cargo de Dickinson, una sutil desatención a la aportación de Blaze Bayley y recurso ya utilizado en la anterior compilación *Somewhere Back in Time*, de 2008, en las que para no recurrir a las versiones originales cantadas en su momento por Paul Di'Anno se incluyeron las aparecidas en *Live After Death*.

Publicado el 6 de junio de 2011, *From Fear to Eternity* obtendría un alcance moderado en las listas de éxitos, lo que no es de extrañar al tratarse de un recopilatorio, entrando en el Top 20 de Finlandia, Alemania, Grecia, Nueva Zelanda, Noruega, Portugal, Suecia y Gran Bretaña.

● ● ●

El 30 de enero de 2012 Rod Smallwood fundó Phantom Music Management, compañía que substituía Sanctuary Records en las cuestiones de representación de Iron Maiden y cuya sede se encuentra en el número 36 de Bridle Lane, en pleno Soho londinense.

La creación de esta nueva compañía fue el resultado de una serie de vicisitudes empresariales y financieras que acabaron difuminando la premisa con la que Smallwood y Andy Taylor habían creado en 1979 Sanctuary, nombre inspirado en el título de la canción y que llegaría a ser el sello independiente más importante de Gran Bretaña, poseyendo los derechos de más de ciento sesenta mil canciones y siendo, además, copropietaria de Zomba Group y de Cloud9 Screen Entertainment Group, de la cual también era dueño el guionista y productor Raymond Thompson.

Lamentablemente, Sanctuary Records acumularía en 2005 unas pérdidas de ciento diez millones de libras. La solución para su saneamiento económico conllevó que Bob Ayling, uno de los capitostes de British Airways, entrase en su consejo de dirección. Sin embargo, la reestructuración implicó que Ayling despidiese en 2006 a Taylor, decisión que derivó en que Smallwood, al no aceptar la marcha de su camarada, dimitiese a finales de aquel mismo año. Smallwood optó entonces por dedicarse en exclusiva a Iron Maiden, quienes, debido a que EMI acabo pasando a pertenecer a BMG, vieron como *The Book of Souls* se distribuía en Estados Unidos a través de Sanctuary.

Por su parte, Sanctuary sería adquirida en 2007 por Universal Music a cambio de cuarenta y cuatro millones y medio de libras. Cinco años después, y como resultado de la normativa europea, BMG Rights Management se haría con la compañía por cuarenta y seis millones de euros, encargando la dirección del sello a Matthew Knowles, padre de la cantante Beyoncé. En la actualidad, Sanctuary, como parte de BMG Music, distribuye a artistas como Allman Brothers, Anthrax, Elton John, Journey, Black Sabbath, Status Quo, Megadeth, Queensrÿche, Scorpions y un larguísimo etcétera.

○ ○ ○

En las mismas fechas en las que nacía Smallwood Phatom Music, Adrian Smith ponía en marcha Primal Rock Rebellion, un proyecto paralelo a Maiden en el que le acompañó Mikee Goodman, excantante de Sikth. El primer álbum de esta formación, *Awoken Broken*,vería la luz el 27 de febrero de 2012 y en su grabación Smith se encargó de todas las guitarras y los bajos, siendo, además, coautor de todos los temas.

Maiden England World Tour, 2012-2014

«La razón por la que hacemos esta gira es porque llevamos en esto
desde hace mucho y tenemos muchos fans que vienen a los shows
y que no tuvieron la oportunidad de vivir esos discos en directo.
Los conocen muy bien, pero la experiencia en directo es diferente.»

Steve Harris

Continuando con el revival de su carrera, oportunamente llevado a cabo
ya en 2005 con el *Eddie Rips Up the World Tour* y entre 2008 y 2009 con el
Somewhere Back in Time World Tour, el 21 de junio de 2012 Iron Maiden
iniciaron en Estados Unidos el *Maiden England World Tour*, cien conciertos
para los cuales la banda recuperó la escenografía, con un Eddie customizado
de General Custer, y el repertorio del *Seventh Tour of a Seventh Tour* de 1988.
Eso significó que el *setlist* llegaría a incluir hasta cinco temas de *Seventh Son
of a Seventh Son* («Moonchild», «Can I Play with Madness», «Seventh Son
of a Seventh Son», «The Clairvoyant» y «The Evil that Men Do»), además
de una selección de los discos publicados entre 1980 y 1992.

La gira, cuya presentación a la prensa se hizo el 15 de febrero de 2012, se
extendería hasta bien entrado 2014, con un último concierto celebrado el 5
de julio en el festival Sonisphere del parque Knebworth, visitando a lo largo
de aquellos tres años treinta y dos países, actuando ante más de dos millones
de personas y participando en festivales como Rock in Rio, Summerfest,
Graspop Metal o Download.

Los cien conciertos servirían de excusa para publicar el 25 de marzo de
2013 el CD y el DVD *Maiden England'88*. El CD contenía dieciocho temas
seleccionados de los discos publicados entre 1980 y 1988 (cinco más que
la edición original de 1994), mientras que el doble DVD recuperaba el vídeo *Maiden England* de 1989, añadiéndosele los temas «Run to the Hills»,
«Running Free» y «Sanctuary», el también vídeo de 1987 *12 Wasted Years* y
la tercera parte del documental *The History of Iron Maiden*, que ampliaba la
trayectoria de la banda hasta 1988.

Con artistas invitados para abrir las actuaciones de la talla de Alice Cooper, Anthrax, Megadeth o Slayer, entre otros, el *Maiden England World Tour*
haría especial hincapié en Estados Unidos, con treinta y cuatro conciertos
en 2012 que generarían una recaudación de más de dieciséis millones de
dólares, convirtiendo la gira en una de las más lucrativas llevadas a cabo en
el país durante aquel año.

Maiden England World Tour recalaría de manera especial en Estados Unidos, con treinta y cuatro conciertos en 2012.

En cuanto al resto del mundo, la gira recalaría, una vez más, en España. En 2013 lo haría en el BEC de Barakaldo, el 27 de mayo (ante cuatro mil personas, con Voodoo Six como teloneros y entradas a 52 euros), y también en Madrid, 31 de mayo, Auditorio Miguel Ríos de Rivas Vaciamadrid, y Barcelona, 1 de junio, Parc del Fòrum, actuaciones estas dos que se enmarcaron dentro del festival Sonisphere, compartiendo cartel con Megadeth, Anthrax, Ghost, Avantasia, Newsted, Tierra Santa, October File, Red Fang y Voodoo Six.

Del concierto en Barakaldo, *EITB* emitió una nota de prensa favorable: «El concierto se presentaba como un 'ensayo general' antes de comenzar una gira por Europa con el espectáculo *Maiden England*, pero los Maiden han ofrecido ante cuatro mil privilegiados seguidores (con entradas agotadas) un concierto completo, contundente y arrollador con algunos de sus temas clásicos.»

Del celebrado en Madrid, *El País*, en una crónica que llevo por título 'Apoteosis de cuernos en Rivas' se arremetía contra la organización del evento («Daba igual si el precio de la entrada era demasiado alto, o si no se permitía introducir comida ni bebida; que los baños estuvieran sucios o que quien salía al exterior, tuviera prohibido volver a entrar»), ensalzando, cómo no, el ánimo de los fans («En las dos horas siguientes, los cuernos se alzaron, las miles de gargantas enronquecieron coreando como una sola y el pabellón entero botó con pasión, como si no hubiera un mañana») y el buen hacer del sexteto: «En plena forma, enloquecieron al respetable con hitos de su discografía como «Can I Play with Madness», «The Trooper», «The Number of the Beast» y algunas rarezas que no se oían desde hace dos décadas, véase «The Prisoner». Iron Maiden fue una de las triunfadoras de la noche, pese a que el viento desvirtuara un poco el sonido.»

Ya en 2014, el *Maiden England* regresaría a España para dos nuevas fechas, con Anthrax como teloneros de excepción: 27 de mayo en el Palau Sant Jordi de Barcelona y 29 de mayo, de nuevo en el BEC de Barakaldo, ante unas doce mil personas y con entradas a cincuenta euros. De la de Barcelona, la crónica correspondiente publicada por *La Vanguardia* ratificaba el buen estado en el que se encontraba la banda, a punto de cumplir cuarenta años de carrera: «No ha habido tregua para el público ni para los músicos, que han ido enlazando un tema con otro a un ritmo frenético, mientras Dickinson recorría el escenario, saltaba por encima de los altavoces del suelo y pegaba patadas al aire como si fuera un chaval (…) Los años ochenta fueron sus años dorados, pero en el siglo XXI las cosas no les van mal, como han demostrado hoy unos espectadores entregados, entre los que había algunos que no habían nacido cuando se compusieron las canciones que hoy han bailado, y otros que ya no pueden lucir melena, aunque conservan los tatuajes y las camisetas de los muchos conciertos a los que han ido.»

● ● ●

Las fechas en Sudamérica de 2013, con Slayer y Ghost como bandas invitadas, se desarrollarían en México (17 de septiembre, ante cincuenta mil espectadores), Brasil (20, 22 –festival Rock in Rio, en el que fueron los cabezas del cartel del séptimo día– y 24 de septiembre), Argentina (27 de septiembre), Paraguay (29 de septiembre) y Chile (2 de octubre).

De estas actuaciones, la más importante fue, como no podía ser de otra manera, la correspondiente a la del sábado 22 de septiembre, en el Rock in Rio. El diario *La Vanguardia* comentaba en la pertinente crónica del evento: «Al igual que el jueves, cuando la atracción principal fue Metallica, la Ciudad del Rock de Río de Janeiro fue tomada hoy por ochenta y cinco mil asistentes, en su gran mayoría vestidos de negro, con llamativos tatuajes, luciendo camisetas temáticas y largas cabelleras y mostrando su gusto por todo lo relacionado al metal.»

En cuanto al concierto en Buenos Aires, el diario argentino *La Nación* publicó una breve crónica que, bajo el título de 'Iron Maiden reunió en River a dos generaciones de *metaleros*', describía la capacidad de la banda de convocar a un público intergeneracional: «En un show único y masivo en River Plate, y frente a un estadio lleno, la legendaria banda de heavy metal Iron Maiden hizo vibrar anoche a más de sesenta mil personas. A pesar de que Iron Maiden, una de las bandas de heavy metal más importantes de la historia del rock, se fundó en los años setenta, la convocatoria no se limitó a los tradicionales seguidores ni a los jóvenes, sino que incluyó a familias enteras».

○ ○ ○

Tras la finalización del primer tramo por Estados Unidos del *Maiden England World Tour* de 2012, y antes de dar inicio al correspondiente a Europa, el 12 de mayo de 2013 los miembros de Iron Maiden recibieron la noticia del fallecimiento de su camarada Clive Burr. Con tan sólo 56 años, Burr murió plácidamente mientras dormía, debido a complicaciones de la multiesclerosis que padecía desde hacia años. Su funeral se llevó a cabo el 25 de marzo en Londres. Tras su pérdida, muchos baterías, como Dave Lombardo, Charlie Benante, Paul Bostaph o Richard Christy, reconocieron su aportación e influencia.

Desafortunadamente, meses después Dickinson contraería cáncer de garganta, enfermedad que afortunadamente superaría en el verano de 2015. No obstante, la gravedad de la enfermedad no fue trivial, ya que uno de los dos tumores que le extrajeron tenía el tamaño de una bola de golf: «Debo decir que en su momento me asusté mucho, pero hay que continuar con la vida.»

El percance afectó, como es lógico, al resto de la banda. Nicko McBrain admitiría tras saber que su compañero tenía cáncer: «Te mentiría si te dijera que no pensé que Iron Maiden estaban acabados. Pero, siendo honesto, pensé más sobre la posibilidad de perder a mi amigo que sobre cualquier otra cosa. Luego pensé: Si alguien puede superar esto, es Bruce.»Además, la vivencia traumática de Dickinson le sirvió al batería para hacer enmienda de su ligazón con la bebida: «Cuando logró superar el cáncer pensé: Mi amigo lo ha pasado fatal, pero le ha ganado la partida al cáncer y nada de lo que le ha pasado ha sido por su culpa. Yo me estaba haciendo lo mismo bebiendo. Entonces supe que tenía que parar. Me inspiró mucho lo que hizo Bruce, porque hizo que me diese cuenta de lo estúpido que yo había sido.»

Iron Maiden, deleite para los oídos y también para el gaznate

Expandiendo su apartado de *merchadising*, que incluye desde la típicas camisetas hasta elementos tan estrafalarios como aldabas para puertas o maquetas del Ed Force One, y al igual que otras formaciones como Mötorhead, Status Quo o Kiss, desde octubre de 2013 –y a iniciativa de Bruce Dickinson– Iron Maiden poseen su propia marca de cerveza, a la venta mediante las sucesivas denominaciones Trooper, Trooper 666 y Halloweed.

Cervezas de graduación media, con aroma tradicional de *bitter* inglesas, definidas por los expertos como «no demasiado complejas y sin florituras, aunque bien hechas», elaboradas por la empresa Robinson´s, fundada en 1838 y propietaria de tresciento cuarenta pubs en Gran Bretaña, los cuales permiten una buena distribución en el territorio británico. La distribución internacional, por contra, es menos pródiga y la distribución fuera de las Islas es principalmente por encargo a tiendas especializadas.

A pesar de la irregular distribución, Trooper vendería más de diez millones de botellines en apenas dos años, éxito que dio lugar al lanzamiento de la también citada Trooper 666, una edición especial que vería la luz el 1 de octubre de 2015. Posteriormente, en otoño de 2017, se pondría a la venta Hallowed, una cerveza que seguía las pautas de la elaboración belga.

Una apuesta comercial que respondía al criterio defendido públicamente por el propio Dickinson según el cual, en caso de que la venta de discos se resintiese Iron Maiden siempre podrían llegar a sus fans mediante otros productos. Pura estrategia comercial.

Iron Maiden poseen su propia marca de cerveza, Trooper.

El Libro de las Almas

«No estoy seguro de si la relación con nuestros fans es algo
que tengamos en cuenta a la hora de escribir nuevo material.
Creo que la relación surge porque escribimos canciones y no al revés.
Lo que sí creo es que la relación es esencial, porque ellos siempre están esperando
algo diferente de nosotros.»

Bruce Dickinson

A comienzos de septiembre de 2014, dos meses después de haber finalizado
el *Maiden England World Tour*, Iron Maiden se trasladaron a París para la
grabación de su decimosexto álbum, una vez más en los estudios Guillaume Tell de París, que ya entre el
verano de 1999 y la primavera de
2000 habían acogido la grabación
de *Brand New World*. Al igual que
entonces, Kevin Shirley y Steve
Harris producirían mano a mano
el nuevo disco, *The Book of Souls*.

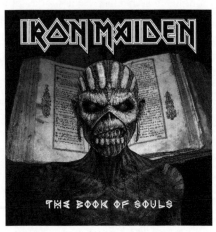

Finalizadas estas nuevas jornadas en el mes de diciembre, las
mezclas se realizaron a comienzos
de 2015, con la intención de que
el disco viese la luz sobre marzo
o abril. No obstante, el plan inicial se vería pospuesto debido a la
enfermedad y tratamiento de Dic-

The Book of Souls es el primer álbum doble de
estudio que la banda publicó en 2015.

kinson. Así, la fecha final del lanzamiento de *The Book of Souls* fue el 4 de septiembre de 2015, aunque previamente, el 14 de agosto, se publicaría el tema
«Speed of Light», promocionado con un vídeo en el que Eddie se zambullía
en un videojuego: «A mi me pareció genial. La idea de hacer ese vídeo fue
inspiradora –declararía Dickinson– Básicamente dijimos que no queríamos
hacer un vídeo donde saliésemos nosotros. Ya estamos viejos, arrugados y
feos y nadie quiere vernos. Pero Eddie es un tipo genial y los videojuegos
son algo así como el nuevo rock'n'roll. Así que hicimos un videojuego del
mundo de Maiden, porque nuestras diferentes etapas coinciden con las de
las distintas generaciones de juegos.»

Imagen del videoclip promocional «Speed of Light».

A pesar de la presión que supuso llegar al estudio parisino sin haber en-
sayado previamente los nuevos temas, el sexteto trabajó con la suficiente
celeridad como para seleccionar y perfeccionar el numeroso material que
cada uno de los miembros presentó al resto para la ocasión. Como era habitual desde finales de los años noventa, la mayor parte de los once temas que
acabarían en el disco eran autoría de Harris, Smith y Dickinson, limitándose
la participación de Gers a los temas «The Book of Souls» y «Shadows of
the Valley» y la de Murray a «The Man of Sorrows»; eso sí, en el caso de
ambos firmando los temas junto al omnipresente Harris, quien encontró
inspiración en la cultura maya: «Es un tema tan enorme que resulta muy
difícil incorporar todo en una sola canción. Intenté capturar los elementos
que creo que eran importantes y, obviamente, busqué las melodías apro-
piadas para esa cultura. No es fácil conjurar las imágenes que uno busca,
pero quiero pensar que tuvimos éxito. Fue un reto similar al de *Powerslave*.
Cuando tienes que lidiar con un concepto tan grande como la cultura maya
es muy difícil retratarlo todo en una canción, pero me gustaría pensar que
lo conseguimos.»

Otra de las novedades de *The Book of Souls* se encuentra en el tema que lo
cierra, «Empire of the Clouds», a la postre el de mayor duración del cancionero Maiden, dieciocho minutos, para el cual Dickinson grabó una pista de
piano, un instrumento cuyo uso concedió una opulencia sonora inusual a la
banda. Una aportación que el cantante fue perfeccionando durante todo un
mes para encontrar los arreglos adecuados: «Las canciones son largas por-

que terminan siendo así. Somos una banda que creció escuchando música de ese tipo. De niño nos gustaban las canciones largas y ambiciosas de Led Zeppelin o Deep Purple, bandas que querían trabajar con orquestas y hacer fusiones. Siempre ha estado en nuestra naturaleza.»

Tras su publicación, *The Book of Souls* recibió una muy favorable acogida por parte de la prensa especializada, e incluso revistas *mainstream* como *Billboard* o *Rolling Stone* le concedieron tres estrellas y media sobre cinco. Comercialmente, el disco tuvo un trato aún mejor, siendo número 1 en veinticuatro países y entrando en el Top Ten de otros diez, incluyendo un número 4 en Estados Unidos, donde llegó a despachar setenta y cuatro mil copias en su primera semana a la venta.

Durante la gira *The Book of Souls World Tour* la banda tocó en 36 países, incluyendo El Salvador, Lituania y China, lugares donde nunca se habían presentado anteriormente.

No es de extrañar que con ese recibimiento el consiguiente *The Book of Souls World Tour* fuese un éxito. Sus ciento dieciséis conciertos, llevados a cabo entre el 24 de febrero de 2016 y el 22 de julio 2017, con un intervalo de descanso de ocho meses (entre la actuación del 4 de agosto en el festival alemán *Wacken Open Air* y la ofrecida en el Sportpaleis de Amberes el 22 de abril de 2017, la primera del segundo tramo de la gira), tuvieron en cuenta los cuatro puntos cardinales, visitando principalmente Europa y Estados Unidos, pero también Sudamérica (México, El Salvador, Costa Rica, Chile, Argentina y Brasil), Australia, Nueva Zelanda, Japón e incluso China (los días 24 y 26 de abril de 2016, en Pekín y Shangai) y Sudáfrica (18 y 21 de mayo de 2016, en Ciudad del Cabo y Johannesburgo). Y como venía siendo costumbre en los últimos años, la gira también recaló en varios festivales internacionales, caso de Sonisphere, Download, Graspop Metal, Resurrection o Wacken Open Air.

En algunos de los conciertos de la gira, además de Shinedown, Ghost y Anthrax, Maiden contaron como banda telonera con The Raven Age, la banda de George Harris, hijo de Steve, quienes ya habían abierto para formaciones del prestigio de Mastodon o Gojira: ·Ellos están ahí porque son buenos, no porque toque mi hijo. Tienen que ser buenos para estar ahí y lo son.»

En 2016, España fue uno de los países a los que se le asignó una mayor cuota de fechas, cuatro, repartidas entre Viveiro (9 de julio), dentro del festival Resurrection; Madrid (13 de julio, en el Barclay Card Center), Sevilla (14 de julio) y Barcelona (16 de julio).

De su paso por el Resurrection Fest, en una edición a la que asistieron un total de ochocientos mil espectadores, *La Voz de Galicia* contaría: «El éxito se vivió desde el inicio del concierto, brutal, con el recinto –un campo de fútbol–, a reventar. Un inicio a lo grande, a la altura de lo esperado, con Bruce Dickinson entrando en el escenario en solitario con su micrófono. Con esos pasos, Viveiro tocaba el cielo. Con las entadas agotadas, tras doce años sin ver a Iron Maiden por Galicia, el Resu hacía historia.

Durante dos horas varias decenas de miles de personas vibraron en el improvisado recinto situado en Celeiro con la actuación de 'la Doncella de hierro', que presentó su último trabajo, *The Book of Souls*, pero no olvidó alguno de sus temas más clásicos.

Alternando clásicos, uno de los momentos electrizantes de la noche llegó con «The Trooper», el *hit*, uno de los más populares, compuesto por el bajista Steve Harris con los pegadizos solos de guitarras. ¿El público? 'Toleando'. Literalmente, con «Fear of the Dark» y otros imprescindibles de la discografía de la banda británica. Y llegó «The Number of the Beast», el 666 que corearon miles de personas y que se hizo esperar hasta el primer bis.»

En cuanto a la enumerada actuación madrileña, *El Mundo* recogía en sus páginas: «Un concierto como el de anoche en el Barclaycard Center de Madrid, con las quince mil entradas agotadas meses atrás, no hay que vivirlo en términos estrictamente sonoros (que, por cierto, vaya volumen, señora), sino como experiencia rejuvenecedora y divertida. Empezando por los propios componentes de la banda inglesa, que van llegando ya a los 60 años.» Además, no pareciaba atisbo alguno de flaqueza en cuanto inspiración: ««Tears of a Clown», dedicada al fallecido actor Robin Williams, y «The Red and the Black» corroboraron que las nuevas canciones no es que sean tan diferentes de las antiguas y siguen dando pie a paseos masturbatorios por el mástil».

8. El legado

«Hemos tenido una carrera fantástica. Si acabase mañana mismo, habrá sido increíble, y podría vivir con ello, pero nos gustaría seguir. Espero que podamos continuar un poco más»

Steve Harris

Cuatro décadas de plena vigencia, a pesar del lustro perdido en los años noventa, a lo largo de las cuales Iron Maiden han pasado de ser adalides de la New Wave of British Heavy Metal a convertirse en referentes de posteriores generaciones de músicos, poseedores de una discografía ejemplar y dueños de los escenarios.

A mediados de 2017 nada parece detener en particular a Steve Harris en su propósito de llevar aún más lejos a Iron Maiden: «No me gusta la idea del retiro en absoluto. ¡No me gusta ni como suena la palabra! Retiro me suena a distraerse en el jardín y eso es algo que nunca me ha llamado la atención. La verdad es que no puedo imaginarme un día sin estar de gira. Claro que es algo que tendrá que pasar en algún momento, pero no quiero pensar en ello; y si sucede, y si soy capaz, seguiré haciendo conciertos con British Lion.»

Steve Harris es un adicto a los escenarios y por ello se pluriemplea con su grupo British Lion.

● ● ●

Resulta curioso que en algunas entrevistas Harris haga velada mención al agotamiento físico que supone salir de gira; por un lado, porque las actuales son mucho más breves que las que de manera casi épica llevó a cabo la Doncella de Hierro en los años ochenta; por otro, si fuera cierto lo de la fatiga, ¿qué sentido tiene aumentar su ya de por sí cumplimentada agenda? Steve Harris es un adicto a los escenarios y por ello se pluriemplea con British Lion, banda con la que publicó un primer álbum homónimo el 24 de septiembre de 2012, producido por Kevin Shirley y para el que contaría con Richard Taylor como cantante, David Hawkins, Grahame Leslie y Barry Fitzgibbon como guitarras y con Simon Dawson, Ian Roberts y Richard Cook como baterías.

El disco, que contó con el apoyo de revistas como *Metal Hammer*, *Rock Classic* y *Kerrang!*, además de entrar en el Top 40 británico, sería, cómo no, la excusa para una gira de veinticuatro conciertos por Europa, con Zico Chain como teloneros, celebrados entre el 21 de febrero y el 30 de abril.

Fechas que incluirían España, con dos actuaciones repartidas entre Madrid (23 de febrero, La Riviera) y Hospitalet de Llobregat (24 de febrero, Salamandra). Dos fechas en pequeños pero abarrotados recintos: «Es muy posible que haya gente que venga por otros motivos, pero quiero pensar que la mayor parte del público viene porque quiere ver a British Lion –declararía el propio Steve Harris– La gente que ya ha estado en nuestros conciertos sabe que pasan un buen rato. Son conciertos muy intensos y con mucha energía. Está claro que habrá quien venga por Maiden y me parece bien, porque creo que después de vernos serán capaces de apreciar que British Lion es una buena banda.»

En 2014, con The Raven Age como invitados, el número de conciertos sería menor, tan sólo diez, pero con otras dos fechas españolas: 17 de julio, en la sala Shoko de Madrid, y el 18 de julio, en la Custom de Sevilla. En 2015, British Lion se circunscribieron al territorio británico, ofreciendo veintidós actuaciones, del 29 de julio al 26 de agosto, con The Wild Lies como banda telonera. Ya en 2016 los shows se llevarían a cabo entre el 3 de noviembre y el 6 de diciembre, en una apretada agenda de veintisiete conciertos por Europa, de los cuales tres se harían en España: 4 de noviembre, sala Custom de Sevilla; 5 de noviembre, Coliseo Ciudad Atarfe de Granada, y 7 76de noviembre, sala Totem de Pamplona.

Recientemente, en el verano de 2017, British Lion ofrecerían una nueva tanda de dieciocho conciertos, incluyendo los festivales Ramblin' Man Fair (29 de julio), Steelhouse Festival (30 de julio), Wacken Open Air (5 de agosto), Leyendas del Rock (9 de agosto) o Sabaton Open Air (19 de agosto), confirmando anticipadamente su participación en el Monsters of Rock Cruise, para el mes de febrero de 2018.

Consanguinidad

El gen de la música ha inoculado a algunos de los vástagos de los miembros de la Doncella de Hierro. El ejemplo más relevante hasta la fecha es el del mismo Steve Harris, cuya hija, Lauren, nacida en 1984, llegó a abrir los conciertos europeos del *A Matter of Life and Death Tour*. Para la ocasión, Lauren contó como músicos de acompañamiento con el guitarrista británico Ritchie Faulkner (Voodoo Six), el batería americano Tom McWilliams (Jon Secada, Critical Mass) y el bajista, también americano, Randy Gregg (Thin Lizzy, Angel).

Posteriormente, en 2010, Lauren rebautizó a su banda con el nombre de Six Hour Sundown, pero la formación tan sólo se mantuvo en activo hasta 2012. Al año siguiente, Lauren se trasladaría a Los Angeles y trabajaría junto a Dave Stewart, ex Eurythmics, con el que crearía la obra musical *Kingdom and I*. Precisamente, Lauren ha intervenido en varios proyectos cinematográficos y teatrales, algunos de ellos bajo la batuta de la Oxford School of Drama.

Lauren Harris, hija de Steve Harris.

También el hijo de Bruce Dickinson, Austin, nacido en 1990, ha probado fortuna en la música. En un principio, como vocalista de la banda de metalcore Rise to Remain, quienes en el mes de octubre de 2011 lanzaron su primer trabajo discográfico, *City of Vultures*, producido por Colin Richardson. La banda no conseguiría manterse a flote en un mercado discográfico tan antojadizo como el actual y en 2015 se disolvería. Austin entraría entonces en As Lions, quienes en 2016 publicaron *Selfish Age*, un disco centrado en el hard rock y del que se extraería como primer sencillo el tema «Aftermath», moderado éxito en 2016 en Estados Unidos, país en el que consiguió el número 12 en la lista Mainstream Rock de la revista *Billboard*.

El último de los descendientes del clan Maiden en involucrarse en el negocio musical ha sido Dylan Smith, bajista de los Wild Lies, una banda de hard rock que hasta la fecha limita su discografía a dos mini-cedés, *Jack's out the Box* (2013) y *The animal* (2016), y un single, «Can't Carry on».

La huella Maiden

Como ya se ha dicho anteriormente, Iron Maiden es una de las bandas más influyentes del rock. Además de sus cientos de miles, por no decir millones, de fans repartidos por todo el mundo, su influencia en la música es notoria. Por ejemplo, Dream Theater han admitido que su conjugación entre el metal y lo progresivo se inspira directamente en la banda de Steve Harris.

La marca 'Maiden' resulta amplia, tal y como demuestran todas las bandas que se han sumado a los diversos álbumes homenaje que han aparecido a ambos lados del Atlántico desde finales de los años 1990.

El primero de todos ellos, al menos el primero en recibir la atención de los medios y del público, fue *Made in Tribute*, publicado en marzo de 1998 por el sello Toy's Factory y en el que aparecían algunas bandas de renombre, como Arch Enemy, Dark Tranquility o In Flames, con sendas versiones de «Aces High», «22 Acacia Avenue» y «Murders in the Rue Morgue», respectivamente.

Dos meses después se publicaría el primer volumen de *A Call to Irons*, distribuido por el sello Dewll Records, que tendría immediata continuación en 1999, *A Call to Irons 2*, ambos títulos reeditados en formato CD en 2001. En este caso, de las dos docenas de *covers* llama la atención la interpretada por Opeth, «Remember Tomorrow».

A Call to Irons, tributo a Iron Maiden.

1999 sería un año especial en cuanto a este tipo de producciones, habién-
dosele de añadir títulos como *Maiden America* (Twilight Records) y *Children
of Damned* (Adrenaline Records), junto a otros de peculiar perfil, como *666,
The Number of the Beast* (Dead Line Music), en el que participa activamente
Paul Di'Anno («Wrathchild», «Running Free», «Phantom of the Opera»
y «Iron Maiden»); *Anton Maiden* (Lunacy Records), un repaso particular
de Anton Gustavsson, y el primer tributo español a la Doncella de Hierro,
Transilvania 666 (Locomotive Records), que reunía hasta un total de dieciséis bandas nacionales como Avalanch, Tierra Santa, Lujuria, Skunk DF,
Mago de Oz o Ankhara, entre otras.

Con la llegada del nuevo milenio llegaría la segunda parte de *666, The
Number of the Beast*, con el titular añadido de 'The Final Chapter', en el
que Di'Anno volvía a la carga («Murders in the Rue Morgue», «Remember
Tomorrow», «Sanctuary» y «Killers»), junto a otros músicos como Doogie
White, Steve Grimmett y Steve Overland, ya presentes en el primer volú-
men.

Tras *Slave to the Power* (Meteorcity) y *Made in Scandinavia* (Tribute Records), ambos editados en 2000, en 2001 llegaría *A Tribute to the Beast* (Nu-
clear Blast), un refrito que reunía algunas de las versiones anteriormente
aparecidas en *Transilvania 666* y *A Call to Irons*, caso de «Flight of Icarus»,
por Tierra Santa, y «Remember Tomorrow», de Opeth, con otras inéditas,
como «Wrathchild», de Six Feet Under, o «Transylvania», por Iced Earth.
En 2003, el disco tendría continuidad con el casi obligado segundo volumen.

Tras la curiosa pleitesía húngara *Somewhere in Hungary* (Bat Records) de
2002 y la no menos sorprendente *The String Quartet Tribute to Iron Maiden*
(Vitamin Records) de 2003, aparecería *Piece of Madness, En honor a Iron Maiden* (Blackstar Productions), seguida en 2004 de la inusitada revisión electrónica *Powerslaves, An Elektro Tribute to Iron Maiden* (AMR Juno Records).

Y por fin en el mes de abril de 2005 podíamos escuchar *The Iron Maidens,
World's Only Female Tribute to Iron Maiden* (DRZ), el primer trabajo de las
populares The Iron Maidens, quienes con la formación integrada por Jo-
sephine Draven, Sara Marsh, Linda McDonald, Wanda Ortiz y Aja Kim
interpretaban once de los temas más conocidos de la banda de Steve Harris.

Después, y hasta la fecha, se sucederían títulos tan peculiares como pres-
cindibles, tales son los casos de *The Piano Tribute to Iron Maiden* (2005, Vitamin Records), *Xav & Dani, Our Soundhouse Tapes* (2005, Iron Maiden France), *Thingfishy's World of Iron Maiden, Acoustic Works* (2006, Thingfishy's
website), *The Hand of Doom Orchestra Plays Iron Maiden's: Piece of Mind* (2006,

Vitamin Records), *Hip Hop Tribute to Iron Maiden*, (2007, Koch Entretain-
ment)... si bien resultan interesantes otros como *The Golden Beast, A Tribute
from Colombia to Iron Maiden*, que en 2008 coordinó la filial de EMI en Colombia, o *Beasts over Greece: A Tribute to Iron Maiden*, que se publicaría en
2012 con el apoyo de la revista *Metal Hammer*.

No obstante, y hasta la fecha, el más espectacular disco homenaje al sexteto
británico es *Maiden Heaven*, que en 2008 editó la revista *Kerrang!* y que reunía a grandes figuras como Metallica
(«Remember Tomorrow»), Avenged
Sevenfold («Flash of the Blade»), Coheed and Cambria («The Trooper»),
Dream Theater («To Tame a Land»)
o Machine Head («Halloweed be thy
Name»), entre otras.

Todos estos testimonios discográficos demuestran lo que hace un tiempo
afirmaba la revista *Guitar World*, y es
que la música de Iron Maiden «ha in-
fluido en las posteriores generaciones
del metal, desde leyendas como Metallica hasta estrellas más actuales como

Maiden Heaven, disco tributo a Iron Maiden.

Avenged Sevenfold.» Miembro de éstos últimos, M. Shadows ha definido
a Iron Maiden como «la mayor banda en directo del mundo; su música es
atemporal.»

También Lars Ulrich, batería de Metallica, ha reconocido su «respeto y
admiración» por la banda de Steve Harris, mientras que otros grandes del
trash metal como Kerry King, de Slayer, o Scott Ian, de Anthrax, han admitido el gran impacto que la banda britanica tuvo en sus inicios musicales, al
igual que John Petrucci y John Myung, de los progresivos metálicos Dream
Theater, quienes reconocieron a Maiden como una de sus principales influencias.

⚡

Discografía

Iron Maiden

14 de abril de 1980

Grabado en el mes de enero de 1980 en los estudios Kingsway de Londres.
Producido por Will Malone

Canciones

Prowler (3:55, Steve Harris) - Remember Tomorrow (5:27, S. Harris, Paul
Di'Anno) - Running Free (3:16, S. Harris, P. Di'Anno) - Phantom of the Opera
(7:20, S. Harris) – Transylvania (4:05, S. Harris) - Strange World (5:45. S. Harris) -
Charlotte the Harlot (4:12, Dave Murray) - Iron Maiden (3:35. S. Harris)

Singles

«Runnig Free»/«Burning Ambition» (8 de febrero de 1980), número 34 en Gran
Bretaña
«Sanctuary»/ «Drifter» (grabada en directo el 3 de abril de 1980 en el Marquee de
Londres) (23 de mayo de 1980), número 29 en Gran Bretaña

Publicada el 14 de abril de 1980, la *opera prima* de Iron Maiden, grabada en
los estudios Kingsway de Londres durante el mes de enero de aquel mismo
año, se abre con toda una declaración de principios, «Prowler», desenfrenada demostración de una incipiente destreza técnica y tema que se ajustaba
como un guante al estilo vocal de Di'Anno. «Sanctuary», no incluida en la
edición original británica del disco y compuesta por Rob Angelo (en Maiden
durante 1976 y 1977), gracias a un fragmento armónico posterior al solo que
en su momento le llevó a ser el segundo single de Maiden, en una versión
capturada en vivo el 3 de abril de 1980, durante una actuación en el Marquee
de Londres, y con «Drifter» en la cara B.

«Remember Tomorrow», a pesar de su inicio pausado, es otro torbelli-
no de riffs inspirados y solos acerados, mientras que «Running Free», tras
publicarse como primer sencillo el 8 de febrero de 1980 con «Burning Ambition» en su cara B, sería referente de la banda durante los años Di'Anno
y, aunque toscamente perfilados, asentaba los tics que caracterizarían la discografía de la Doncella de Hierro hasta mediados de los años ochenta. Lo
mismo sucede con la siguiente «Phantom of the Opera», de patrones rítmi-

cos variados, marchamo recuperado posteriormente en clásicos como *Piece of Mind* o *Powerslave*.

A la correcta instrumental «Transylvania», una especie de *reprise* de lo que ofrece el disco en su conjunto (versionada con éxito por la banda de Florida Iced Earth en su álbum *Horror Show* de 2001), le sucede «Strange world», medio *tempo* cuya autoría ha reclamado el que entre 1975 y 1976 fuera cantante del grupo Paul Day, reivindicación nada descabellada teniendo en cuenta que su estilo no termina de encajar con el registro vocal de Di'Anno.

Cerrando el disco, dos clásicos: «Charlotte the Harlot», de Dave Murray (génesis de la saga formada además por «22 Acacia Avenue», «Hooks in You» y «From Here to Eternity»), y el indiscutible «Iron Maiden», que la banda todavía sigue interpretando en sus actuales conciertos.

Una lástima que el productor Will Malone no mostrase especial interés en el disco, una carencia imperdonable y evidente que, sin embargo, no impidió que Iron Maiden fuese número 4 en Gran Bretaña y obtuviese unas modestas pero esperanzadoras ventas en Alemania, donde fue Disco de Oro, y Canadá, donde alcanzaría el estatus de Disco de Platino.

Iron Maiden en una imagen promocional de 1980.

🗲

Killers

2 de febrero de 1981

Grabado entre noviembre de 1980 y enero de 1981 en los estudios Battery de Londres
Producido por Martin Birch

Canciones

The Ides of March (1:48, Steve Harris) – Wrathchild (2:54. S. Harris) - Murders in
the Rue Morgue (4:14, S. Harris) - Another Life (3:22, S. Harris) - Genghis Khan
(3:02, S. Harris) - Innocent Exile (3:50, S. Harris) – Killers (4:58, Paul Di'Anno, S.
Harris) - Prodigal son (6:05, S. Harris) – Purgatory (3:18, S. Harris) – Drifter (4:47,
S. Harris)

Singles

«Twilight Zone»/«Wratchild» (2 de marzo de 1981), número 31 en Gran Bretaña
«Purgatory»/«Genghis Khan» (15 de junio de 1981), número 52 en Gran Bretaña

Grabado entre noviembre de 1980 y enero de 1981 en los estudios Battery
de Londres y publicado el 2 de febrero de 1981, *Killers*, a diferencia de su
predecesor, contó con la supervisión de un productor de primera fila, Martin
Birch, quien voluntaria y prematuramente se retiraría del negocio musical
en 1992, después de haber trabajado con algunos de los nombres más ilustres
del rock. Previo a su fichaje por unos entonces simplemente prometedores
Maiden, Birch ya había lidiado nada menos que con estrellas de la talla de
Deep Purple, Faces, Fleetwood Mac, Gary Moore, Rainbow, Black Sabbath
y Whitesnake.

Killers también es el primer disco en el que aparece Adrian Smith. Sin
desmerecer la contribución de Dennis Stratton, la de Smith ya despunta
desde la instrumental inicial «The Ides of March», en la que el tándem de
guitarras recuerda a los Queen de los dos primeros álbumes. No obstante, y
resultado de la inspiración de Steve Harris, cualquier referencia se abandona
en el resto del álbum, que continúa con la robusta «Wrathchild» y la sublime «Murders in the Rue Morgue», eslabones entre el anterior Iron Maiden
y el siguiente y magistral *The Number of the Beast*. Puede que «Another Life»
o «Innocent Exile», recuperada de la época de los Gypsy's Kiss, se perciban

como un paso atrás, pero incluso la 'discreta' instrumental «Genghis Khan» ya hace evidente que, en los albores de los años 1980, Iron Maiden estaban fraguando las directrices de sus posteriores obras cumbre.

El bajo, grabado en todo momento con mimo por Martin Birch, que se percató de inmediato del peso específico de Harris, introduce otro título de relieve, «Killers», seguido por un momento que poco tiene que ver con el sonido tradicional Maiden, «Prodigal Son», un medio *tempo* de sonoridades típicas de los años setenta, gracias a unas guitarras pseudoacústicas, que hace referencia a Lamia, un personaje mitológico griego que raptaba niños para succionarles la sangre.

Rematando este segundo trabajo en estudio, «Purgatory», publicado incomprensiblemente el 15 de junio de 1981 como segundo single del álbum tras «Twilight Zone», tema incluido en la versión americana y tampoco merecedor de la condición de *single* (que tras su publicación el 2 de marzo de 1981 alcanzaría el número 31 en Gran Bretaña), y el correcto «Drifter».

En resumidas cuentas, *Killers* se entiende, con la perspectiva del paso del tiempo, como el nexo entre los Maiden inexpertos y ansiosos por conquistar su trozo de pastel en el heavy rock y la banda de heavy metal que arrasaría la escena internacional a lo largo de los años ochenta.

De hecho, el disco fue la llave que abriría tímidamente a Maiden la puerta de distintos mercados, colándose en el Top 20 de Alemania, Suecia, Finlandia, Noruega y Austria, mientras que fue la tarjeta de presentación en Nueva Zelanda, número 41, y Estados Unidos, número 78, sin olvidar la consecución de Disco de Oro en Francia y de Disco de Platino en Canadá.

⚡

The Number of the Beast

22 de marzo de 1982

Grabado en los estudios Battery de Londres, durante los meses de enero y febrero de 1982
Producido por Martin Birch

Canciones

Invaders (3:20, Steve Harris) - Children of the Damned (4:34, S. Harris) - The prisoner (5:34, Adrian Smith, S. Harris) - 22 Acacia Avenue (6:34, S. Harris, A. Smith) - The Number of the Beast (4:25, S. Harris) - Run to the Hills (3:50, S. Harris) - Gangland (3:46, A. Smith, Clive Burr) - Hallowed be thy Name (7:08, S. Harris)

Singles

«Run to the Hills»/«Total Eclipse» (12 de febrero de 1982, número 7 en Gran Bretaña y número 16 en Irlanda)
«The Number of the Beast»/«Remember Tomorrow» (grabada en directo el 29 de octubre en Padua, Italia) (26 de abril de 1982), número 18 en Irlanda y número 26 en Gran Bretaña

No hay discusión alguna: *The Number of the Beast* es una de las pocas e indiscutibles columnas férreas sobre las que se asienta no sólo la New Wave of British Heavy Metal sino el propio Heavy Metal. *Vademecum* del género, con este álbum Iron Maiden asentarían su futura trayectoria, algo en lo que resultaron fundamentales tres nombres: Martin Birch, Adrian Smith y, en la sombra (puesto que por motivos legales su nombre no pudo aparecer en los créditos), Bruce Dickinson.

En este tercer y magno trabajo, grabado en los estudios Battery de Londres durante los meses de enero y febrero de 1982, y publicado el 22 de marzo de 1982, se citan títulos como «Children of the Damned», «22 Acacia Avenue» (continuación de «Charlotte the Harlot» de Murray, prologada por Harris y Smith), «The Prisoner», «Halloweed be thy Name», «Run to the Hills» (número 7 en Gran Bretaña y 16 en Irlanda) y la coreada «The Number of the Beast» (número 18 en Irlanda y 26 en Gran Bretaña), parte de la médula ósea del metal. Himnos legítimos e interpretaciones perfectas que en su época ninguna otra formación llegó a igualar.

Por encima de las puntuaciones obtenidas en las páginas de los medios es-
pecializados o de las ventas millonarias (número 1 en Gran Bretaña; Top Ten
en Austria, Holanda y Suecia, y posterior Disco de Oro en Austria, Alemania
y Suiza, de Platino en Gran Bretaña y Estados Unidos y Triple Disco de
Platino en Canadá), e incluso de sorprendente elección en 2012, según una
encuesta realizada por HMV, como el mejor disco británico de los últimos
sesenta años, por encima de tótems como el *Sgt. Pepper's* de los Beatles o el
Dark Side of the Moon de Pink Floyd, aunque hubiese permanecido todos
estos años oculto en un cajón, *The Number of the Beast* igualmente merecería
la consideración de obra maestra. Incluso las piezas 'menores', «Invaders» y
«Gangland», fueron en su momento referencia para los músicos contempo-
ráneos. No hace falta añadir nada más.

⚡

Piece of Mind

16 de mayo de 1983

Grabado entre los meses de enero y marzo de 1983 en los estudios Compass Point de Nassau,
Islas Bahamas
Producido por Martin Birch

Canciones

Where Eagles Dare (6:08, Steve Harris) – Revelations (6:51, Bruce Dickinson) -
Flight of Icarus (3.49, Adrian Smith, B. Dickinson) - Die with Your Boots on (5:22,
A. Smith, B. Dickinson, S. Harris) - The Trooper (4:10, S. Harris) - Still Life (4:27,
Dave Murray) - Quest for Fire (3:40, S. Harris) - Sun and Steel (3:25, B. Dickinson,
A. Smith) - To Tame a Land (7:26, S. Harris)

Singles

«Flight of Icarus»/«I've Got the Fire» (11 de abril de 1983), número 11 en Gran
Bretaña y 14 en Irlanda
«The Trooper»/«Cross-eyed Mary» (20 de junio de 1983), número 12 en Gran
Bretaña e Irlanda

Con la entrada del definitivo 'quinto Maiden', Nicko McBrain, Iron Maiden
se dispusieron a confirmar las altas expectativas que había suscitado una obra
maestra como *The Number of the Beast*. Y tras ponerse manos a la obra entre
los meses de enero y marzo de 1983, en los estudios Compass Point de Nassau, Islas Bahamas, francamente, la ban-
da no defraudó, gracias a un disco que no
sólo supo mantener el nivel musical de su
predecesor, sino que, además, se descolgaba con un clásico de avasallador éxito
comercial como «The Trooper», que
acompañado de «Cross-eyed Mary» en
su cara B, sería número 12 en Gran Bretaña e Irlanda tras su publicación el 20 de
junio de 1983.

En su edición en vinilo, *Piece of Mind*,
publicado el 16 de mayo de 1983, poseía
una cara A impecable, reuniendo temas
como «Where Eagles Dare», «Revela-

Piece of Mind fue publicado el 16 de mayo
de 1983 y muy rápido alcanzó el tercer
puesto en las listas de éxito británicas.

tions», «Flight of Icarus» (primer sencillo del disco, con «I've got the Fire»
en su reverso, publicado el 11 de abril de 1983 y número 11 en Inglaterra
y 14 en Irlanda) y «Die with Your Boots on», en las que las guitarras y la
sección rítmica evitaban la pirotecnia para ponerse al servicio de las composiciones. Todo encajaba: talento (con la constatación de Dickinson y Smith
como autores), destreza instrumental/vocal y docta producción.

En cuanto a la cara B, y tras la citada «The Trooper», añade el correcto
«Still Life» de Murray, la más acertada «Quest for Fire», obra de Harris en
la que se aprecia la colaboración de Dickinson, y la épica «To Tame a Land»,
un corte de siete minutos que puede antojarse como un esbozo de la inconmensurable «Rime of Ancient Mariner» y en la que el bajista aprovecha para
dar rienda suelta a su gusto progresivo.

Piece of Mind confirmaría la entrada de Iron Maiden en su particular edad
de oro, ya que, además de ser número 3 en Gran Bretaña, sería Top Ten en
Finlandia, Suecia, Alemania, Nueva Zelanda, Holanda, Noruega y Austria,
aunque lo más importante es que se convertiría en el primer gran triunfo
americano del entonces quinteto, al subir hasta un excelente puesto número
14 en Estados Unidos, país donde, al igual que en Gran Bretaña, también
consiguió ser Disco de Platino.

⚡

Powerslave

3 de septiembre de 1984

Grabado entre los meses de febrero y junio de 1984 en los estudios Compass Point de Nassau,
Islas Bahamas
Producido por Martin Birch

Canciones

Aces High (4:31, Steve Harris) - 2 Minutes to Midnight (6:04, Adrian Smith, Bruce
Dickinson) - Losfer Words (big 'orra) (4:15, S. Harris) - Flash of the Blade (4:05, B.
Dickinson) - The Duellists (6:18, S. Harris) - Back in the Village (5:02, A. Smith,
B. Dickinson) – Powerslave (7:12, B. Dickinson) - Rime of the Ancient Mariner
(13:45, S. Harris)

Singles

«2 Minutes to Midnight»/«Rainbow's Gold» - «Mission from 'Arry« (6 de agosto
de 1984), número 10 en Irlanda, número 11 en Gran Bretaña y número 70 en Alemania
«Aces High»/«King of Twilight» (22 de octubre de 1984), número 20 en Gran Bretaña y número 29 en Irlanda

Publicado a finales del verano de 1984 y número 2 en Gran Bretaña, *Powerslave* es un buen ejemplo de que cuando una banda o artista están en racha
todo es posible. En 1984, Iron Maiden cargaban a sus espaldas con el título,
no tan benévolo como *a priori* podría suponerse, de adalides de la Nueva ola
del heavy metal británico; a ello había que sumarle la presión de llevar en
su cuenta dos discos excepcionales, como *The Number of The Beast* y *Piece of
Mind*, así como la de verse sometidos a lo que parecía una gira interminable
desde abril de 1980 (¡542 conciertos en sólo cuatro años!), tan sólo inte-
rrumpida por los períodos de grabaciones.

Pues a pesar de todo, y tras una nueva estancia en los estudios Compass
Point durante los meses de febrero y junio de 1984, el quinteto se sacó de la
manga a finales del verano de aquel 1984 otro álbum inconmensurable, éste
Powerslave, inspirado en una icónica parafernalia egipcia y que se abría con
dos clásicos de tomo y lomo: «Aces High», número 20 en Inglaterra, y «2
Minutes to Midnight», número 11 en Inglaterra.

El primero, segundo single del álbum, publicado el 22 de octubre de 1984 (con «King of Twilight»), era otro ritmo galopante obra de Harris, mientras que el segundo, primer sencillo del disco, publicado el 6 de agosto de aquel mismo año, era fruto del ya establecido tándem formado por Dickinson y Smith.

A continuación, el disco se sucede entre dos temas de Harris de similar corte, la instrumental «Losfer Words (big 'orra) » y «The Duellists»; dos piezas de Dickinson, «Flash of the Blade» (sublimes Murray y Smith a las guitarras) y «Powerslave», y «Back in the Villa-ge», otro al alimón entre Dickinson y Smith (con un arpegio inicial realmente inspirado), llegando, finalmente, a la hercúlea «Rime of Ancient Mari-ner», probablemente la primera pieza de la disco-grafía de Iron Maiden hasta aquella fecha que re-cogía el sentido y el calado de la propuesta musical que Steve Harris llevaba buscando desde los co-mienzos de su carrera: heavy rock combinado con elementos progresivos. A la suya, hay que añadir  también la inconmensurable inspiración del resto de la banda: Dickinson cantando como nunca, McBrain aporreando la batería con frescura y la pre-cisión de un reloj y Murray y Smith inteligentemente compenetrados y car-gando con el peso de todos los temas. (Casi) Nadie sonaba como Maiden en los años ochenta.

---------------------------------- ⚡ ----------------------------------

Somewhere in Time

29 de septiembre de 1986

Grabado en los estudios Compass Point de Nassau, Islas Bahamas y Wisseloord de Hilver-sum, Holanda.

Producido por Martin Birch

Canciones

Caught Somewhere in Time (7:22 – Steve Harris) – Wasted Years (5:06 – Adrian Smith) – Sea of Madness (5:42, A. Smith) – Heaven Can Wait (7:24, S. Harris) – The Loneliness of the Long Distance Runner (6:31, S. Harris) – Stranger in Strange Land (5:43, A. Smith) - Deja-vu (4:55, Dave Murray, S. Harris) - Alexander the Great (8:35, S. Harris)

Singles

«Wasted Years»/«Reach out» (6 de septiembre de 1986), número 11 en Irlanda y número 18 en Gran Bretaña

«Stranger in Strange Land»/«That Girl» (22 de noviembre de 1986), número 18 en Irlanda y número 22 en Gran Bretaña

Tras la aplastante trilogía *The Number of the Beast-Piece of Mind-Powerslave* y el hastío provocado por las dispares sensaciones de la vida en la carretera, Iron Maiden necesitaban adentrarse en una nueva etapa en su carrera. En tan sólo diez años habían visto como a las actuaciones ante unas pocas decenas de espectadores en pubs londinenses les habían sucedido interminables giras por todo el mundo, al tiempo que a los escasos recursos y a la ineficacia de algún primerizo productor los habían substituído cheques en blanco para grabar en los mejores estudios de grabación. Pero todo eso no era suficiente y, a su vez, había que reemplazarse por una real regeneración musical.

De todo ello surgió *Somewhere in Time*, publicado el 29 de septiembre de 1986 y un disco que, a pesar de la inesperada nula aportación como autor de Dickinson –derrotado tras cuatro años sin respiro– le brindaría a Adrian Smith la oportunidad de demostrar toda su valía como compositor e instrumentista. El mejor ejemplo de esto es «Wasted Years», tema tan comercial (tras su publicación en *single*, el 6 de septiembre de 1986, alcanzaría el Top en Gran Bretaña), como acorde a la idiosincrasia Maiden. La contribución de Smith incluiría también otras dos piezas de firma irreprochable, «Sea of Madness» y «Stranger of Strange Land» (segundo siete pulgadas extraído del álbum el 22 de noviembre de 1986 y también Top 20 en Gran Bretaña), que junto a la inevitable aportación ecléctica de Harris, al combinar tradición y nuevos horizontes sonoros, («Somewhere in Time», «Heaven Can Wait», «The Loneliness of the Long Distance», «Alexander the Great» y la escrita junto a Dave Murray, «Deja vu»), completan un álbum que en su momento no fue bien entendido por una parte de los fans, desorientados por la divergencia sonora respecto a la mencionada anterior trilogía, ni por la crítica especializada, desencantada por la NWOBHM y atraída por aquel entonces hacia las hordas de bandas angelinas.

No obstante, *Somewhere in Time*, número 3 en Gran Bretaña y número 11 en Estados Unidos, ha resistido impoluta el paso del tiempo, el cual, a su vez, le ha conferido el estatus de clásico de la discografía de Iron Maiden.

Seventh Son of a Seventh Son

11 de abril de 1988

Grabado en los estudios Musicland de Munich durante los meses de febrero y marzo de 1988
Producido por Martin Birch

Canciones

Moonchild (5:38, Adrian Smith, Bruce Dickinson) - Infinite Dreams (6:08, Steve Harris) - Can I Play with Madness (3:30, A. Smith, B. Dickinson, S. Harris) - The Evil that Men Do (4:33, A. Smith, B. Dickinson, S. Harris) - Seventh Son of a Seventh Son (9:52, S. Harris) - The Prophecy (5:04, Dave Murray, S. Harris) - The Clairvoyant (4:26, S. Harris) - Only the Good Die Young (4:40, S. Harris, B. Dickinson)

Singles

«Can I Play with Madness»/«Black Bart Blues» (20 de marzo de 1988), número 3 en Irlanda y Gran Bretaña, número 4 en Noruega, número 6 en Holanda, número 12 en Suecia y número 23 en Alemania y Suiza.

«The Evil that Men Do»/«Prowler'88 » - «Charlotte the Harlot'88» (1 de agosto de 1988), número 4 en Irlanda, número 5 en Gran Bretaña, número 7 en Noruega y número 23 en Holanda.

«The Clairvoyant»/«The Prisoner» - «Heaven Can Wait» (7 de noviembre de 1988), número 6 en Gran Bretaña y número 7 en Irlanda.

«Infinite Dreams»/«Killers» - «Still Life» (6 de noviembre de 1989), número 6 en Irlanda y Gran Bretaña.

Si «Rime of the Ancient Mariner» de *Powerslave* había sido el primer tema que ejemplificaba el próposito original de Steve Harris por aunar heavy rock y rock progresivo, *Seventh Son of a Seventh Son*, publicado el 11 de abril de 1988, número 1 en Gran Bretaña y número 12 en Estados Unidos, sería el primer disco del entonces quinteto en el que tal objetivo se materializó al completo. Junto al retorno como compositor del siempre ávido por explorar nuevos territorios musicales Bruce Dickinson (hasta el extremo de que en un principio para este disco se empecinó en acentuar la vertiente acústica de los nuevos temas, propósito afortunadamente rechazado hábilmente por el resto de la banda), desaparecido en *Somewhere in Time* debido a la extenuación tras años de giras interminables, Iron Maiden grabaron un álbum que proporcionalmente desorientó tanto a sus seguidores como motivos contenía para convertirse con el tiempo en otro de los grandes clásicos de la discografía de la banda.

La cabida de teclados y guitarras sintetizadas y la publicación, el 20 de marzo de 1988, de un single de alcance tan comercial como «Can I Play with Madness», hizo que muchos *maidenheads* no se molestasen en apreciar un disco en el que Dickinson, Harris y Smith se mostraron capaces no sólo de componer grandes temas, sino, además, de no perder el pulso del tiempo, presentando una producción conceptual, grabada en los estudios Musicland de Munich durante los meses de febrero y marzo de 1988, que conectaba con la incipiente nueva ola de metal progresivo, caracterizada por riffs potentes combinados con melodía y un sonido digitalizado y que había surgido al otro lado del Atlántico gracias a bandas como Queensrÿche, Dream Theater, Crimson Glory, Savatage o Fates Warning.

El carácter de obra magna se corroboraría veinticinco años después, con motivo del *Maiden England World Tour*, una centena de conciertos en los que Iron Maiden, ya como sexteto, recuperarían la escenografía y hasta cinco de las ocho canciones de este disco: «Moonchild», «Can I Play with Madness», «Seventh Son of a Seventh Son», «The Clairvoyant» (número 6 en Gran Bretaña) y «The Evil that Men Do» (número 5 en Inglaterra). Más clásicos al saco.

♪

No Prayer for the Dying
1 de octubre de 1990

Grabado entre los meses de junio y septiembre de 1990 en los estudios Barnyard de Essex
Producido por Martin Birch

Canciones

Tailgunner (4:13, Steve Harris, Bruce Dickinson) - Holy Smoke (3:47, S. Harris, B. Dickinson) - No Prayer for the Dying (4:22, S. Harris) - Public Enema Number One (4:03, Dave Murray, B. Dickinson) - Fates Warning (4:09, D. Murray, S. Harris) - The Assassin (4:16, S. Harris) - Run Silent Run Deep (4:34, S. Harris, B. Dickinson) - Hooks in You (4:06, B. Dickinson, Adrian Smith) - Bring your Daughter... to the Slaughter (4:42, B. Dickinson) - Mother Russia (5:30, S. Harris).

Singles

«Bring your Daughter... to the Slaughter»/«I'm a Mover» - «Communication
Breakdown» (agosto de 1989), número 1 en Gran Bretaña
«Holy Smoke»/«All in Your Mind»-«Kill Me Ce Soir» (10 de septiembre de 1990),
número 3 en Gran Bretaña, número 4 en Irlanda y número 20 en Suiza.

La salida de Adrian Smith, ¡cuánto se le echaría de menos! en plena fase de composición de *No Prayer for the Dying* (si bien de su autoría se terminó incluyendo «Hooks in You»), resultó mucho más trascendental que la incorporación de Janick Gers, comedido por su papel de recién llegado.

De ahí que, en lo concerniente a las nuevas diez canciones presentadas en *No Prayer for the Dying*, publicado el 1 de octubre de 1990, Steve Harris y Bruce Dickinson tuviesen que cargar con el peso de un disco disperso que más bien parecía un compendio de los viejos trucos ya conocidos por los seguidores de la banda. «Holy Smoke», como single, ni de lejos podía medirse con otros temas escogidos a tal efecto en el pasado, como los recientes «Can I Play with Madness», «The Evil that Men Do» o «Wasted Years».

De acuerdo, *No Prayer for the Dying* llegó al número 2 en Gran Bretaña y entró en el Top 20 en Estados Unidos, mientras que «Bring your Daughter... to the Slaughter», un tema insípido que Dickinson había compuesto para la banda sonora de la quinta película de la saga *Pesadilla en Elm*

Street, fue número 1, e incluso «Holy Smoke» logró la tercera posición en la listas de *singles* en Inglaterra, pero estos logros fueron debidos en buena parte a la inercia comercial resultado del gran número de *maidenheads*, quienes de haber escuchado previamente los coros de «The Assassins» se hubiesen pensado dos veces comprar el álbum.

Dave Murray, eternamente en un engañoso segundo plano, aportó dos temas, («Public Enema Number One» y «Fates Warning», con la ayuda, respectivamente, de Harris y Dickinson) y algo consubstancial: el toque instransferible del sonido Maiden. Pero aún así, ni su siempre incalculable colaboración permitió que las nuevas canciones se impusieran a la insípida corrección.

4

Fear of the Dark

11 de mayo de 1992

Grabado en los estudios Barnyard de Essex, Inglaterra
Producido por Martin Birch

Canciones

Be Quick or Be Dead (3:21, Bruce Dickinson, Janick Gers) - From Here to Eternity (3:35, Steve Harris) - Afraid to Shoot Strangers (6:52, S. Harris) - Fear is the Key (5:30, B. Dickinson, J. Gers) - Childhood's End (4:37, S. Harris) - Wasting Love (5:46, B. Dickinson, J. Gers) - The Fugitive (4:52, S. Harris) - Chains of Misery (3:33, B. Dickinson, Dave Murray) - The Apparition (3:53, S. Harris, J. Gers) - Judas Be my Guide (3:06, B. Dickinson, D. Murray) - Weekend Warrior (5:37, S. Harris, J. Gers) - Fear of the Dark (7:16, S. Harris)

Singles

«Be Quick or Be Dead«/«Nodding Donkey Blues» - «Space Station 5» -«Bayswater Ain't a Bad Place to Be» (13 de abril de 1992), número 2 en Gran Bretaña, número 3 en Noruega, número 10 en Irlanda, número 12 en Nueva Zelanda, número 15 en Suecia y Suiza, número 26 en Holanda, número 32 en Alemania y número 47 en Australia y Bélgica.

«From Here to Eternity»/«I Can't See my Feelings» - «Roll Over Vic Vella» - «No Prayer for the Dying» (grabada en el concierto del 17 de diciembre de 1990 en el Wembley Arena de Londres) – «Public Enema Number One« (grabada en el concierto del 17 de diciembre de 1990 en el Wembley Arena de Londres) (29 de junio de 1992), número 21 en Gran Bretaña y número 27 en Irlanda.

Harris y compañía tomaron buena nota de la decepción que sintieron los seguidores de la banda tras la publicación de *No Prayer for the Dying*, por lo que año y medio después, y ya con Janick Gers como miembro activo, publicaron *Fear of the Dark*.

El disco, grabado al igual que su predecesor en los estudios Barnyard de Essex, propiedad de Steve Harris, resultó una clara apuesta por adaptarse a los nuevos tiempos, a excepción de la canción que le da título, como lo atestiguan las dos piezas que lo abren y primeros de los tres singles extraídos: la potente «Be Quick or Be Dead» (que tras publicarse el 13 de abril de 1992 subiría al número 2 en Inglaterra), Dickinson y Gers al alimón, y «From Here to Eternity», de la que nadie podría decir *a priori* que fuese obra de Harris, dado su estribillo pegadizo.

También se distanciaban del hasta entonces sonido tradicional de la banda las siguientes «Afraid to Shoot Strangers», una pieza en tres *tempos* que sorprende por su fragmento inicial dotado de un imprevisible tono dramático, y «Fear is the Key», resultado indiscutible del trabajo de Gers. El paradigma de la divergencia de estilo del álbum llega con «Wasting Love», la primera *power ballad* de Iron Maiden y tercer single publicado, el 29 de junio de 1992.

Existen otras pruebas en la profundización musical de *Fear of the Dark*, flamante número 1 en Gran Bretaña y número 12 en Estados Unidos, como «The Fugitive» (en su introducción, por parte de bajo y batería) o «Judas Be my Guide», aunque se incluyen cortes menos efectivos, como «Chains of Misery», «The Apparition» y «Weekend Warrior», sin cuyo lastre el disco hubiese podido despertar mayor interés.

La crítica, seguida de una buena parte de los fans del quinteto, sitúan a éste *Fear of the Dark* al mismo nivel que su predecesor, una valoración absolutamente injusta; lo más discutible es la portada a cargo de Melvyn Grant.

Sin ser uno de sus mejores trabajos, *Fear of the Dark* es una producción honesta, efectiva y con indicios, como «Childhood's End», por donde discurrirían posteriores títulos más logrados.

The X Factor

2 de octubre de 1995

Grabado en los estudios Barnyard de Essex entre 1994 y el mes de agosto de 1995.
Producido por Nigel Green

Canciones

Sign of the Cross (11:18, Steve Harris) - Lord of the Flies (5:04, S. Harris, Janick Gers) - Man on the Edge (4:13, Blaze Bayley, J. Gers) - Fortunes of War (7:24, S. Harris) - Look for the Truth (5:10, B. Bayley, J. Gers, S. Harris) - The Aftermath (6:21, S. Harris, B. Bayley, J. Gers) - Judgement of Heaven (5:12, S. Harris) - Blood on the World's Hands (5:58, S. Harris) - The Edge of Darkness (6:39, S. Harris, B. Bayley, J. Gers) - 2 a.m. (5:38, B. Bayley, J. Gers, S. Harris) - The Unbeliever (8:10, S. Harris, J. Gers).

Singles

«Man on the Edge»/«The Edge of the Darkness»-«Judgement Day» (25 de septiembre de 1995), número 1 en Finlandia, número 10 en Gran Bretaña, número 18 en Noruega, número 23 en Suecia y número 33 en Francia.
«Lord of the Flies»/«My Generation» (versión de los Who)- «Doctor Doctor» (versión de UFO) (2 de febrero de 1996).

Si en *Fear of the Dark* se hacía palpable la ausencia de Adrian Smith, aún mucho más se puso de manifiesto la de Bruce Dickinson en los dos siguientes discos de Iron Maiden. Algunos han defendido a Blaze Bayley y, aunque no se pueden poner en duda sus buenas intenciones, francamente, se mire por donde se mire, su voz dista mucho de encajar en el imaginario Maiden, por timbre, fuerza y escala. Al disco, el primero sin Martin Birch en la producción (¡otra ausencia!), le pasa tres cuartos de lo mismo.

Puede que en su concepción original *The X Factor*, número 8 en Gran Bretaña y, quizás más acertadamente, número 147 en Estados Unidos (aunque la ausencia de Dickinson también influyó en el desinterés del público americano), fuese otro denodado ejemplo del propósito de la banda por evolucionar. La inicial «Sign of the Cross» es un ejemplo de ello, con ritmos sincopados ajenos a lo habitual y coros en su introducción que sorprenden gratamente. También interesante resulta el bajo al inicio de «Blood on the World's Hands».

El resultado final, no obstante, es un álbum que en su conjunto transcurre de manera desangelada, con guitarras exentas del protagonismo de antaño y una sección rítmica, en general, anónima en alardes. No hay temas que engatusen al oído, ni armonías, ni estribillos puntuales, ni pirotécnia musical de ningún tipo. *The X Factor* fue el primer ejemplo de lo indispensables que habían sido, y serían, Dickinson y Smith para Iron Maiden.

Virtual XI

23 de marzo de 1998

Grabado en los estudios Barnyard de Essex entre finales de 1997 y el mes febrero de 1998.
Producido por Nigel Green

Canciones

Futureal (3:00, Steve Harris, Blaze Bayley) - The Angel and the Gambler (9:51, S. Harris) - Lightning Strikes Twice (4:49, Dave Murray, S. Harris) - The Clansman (9:06, S. Harris) - When Two Worlds Collide (6:13, D. Murray, B. Bayley, S. Harris) - The Educated Fool (6:46, S. Harris) - Don't Look to the Eyes of a Stranger (8:11, S. Harris) - Cómo estáis amigos (5:26, Janick Gers, B. Bayley)

Singles

«The Angel and the Gambler»/«Blood on the World's Hands» (grabada en directo el 1 de noviembre de 1995 en el Karen de Göteborg) (9 de marzo de 1998), número 3 en Finlandia, número 18 en Gran Bretaña, número 29 en Suecia, número 52 en Holanda y número 61 en Alemania.

«Futureal«/«The Evil that Men Do» - «Man on the Edge» (ambas grabadas en vivo el 1 de noviembre de 1995 en el Karen de Göteborg) – «The Angel and the Gambler« (vídeo) (28 de julio de 1998).

Segundo y último álbum de Iron Maiden con las colaboraciones de Blaze Bayley como cantante y Nigel Green en la producción y que, al igual que su predecesor, fue tibiamente recibido por los seguidores del grupo, con un discreto número 16 en las listas de ventas británicas y un insondable número 124 en Estados Unidos.

En su conjunto, *Virtual XI* es otro malogrado intento del aún entonces quinteto por salir de un más que evidente capítulo de desorientación. Por ejemplo, los teclados y las guitarras en «The Angel and the Gambler» hacen que Maiden suenen por momentos a los, olvidables, Status Quo de los años noventa (ojo, que la banda de Francis Rossi era una delicia en los setenta). Una terrible elección como single.

Si bien algo más rítmico y menos sombrío que *The Factor X*, *Virtual XI* carece asimismo de una producción sólida, y sin el talento de Dickinson y Smith resulta una grabación sin gancho.

En ocasiones, cuando una gran banda publica un disco correcto o directamente mediocre, se dice que éste podría ser un título respetable en la discografía de una banda de segunda. *Virtual XI*, ni eso.

Por otra parte, los directos de la época eran igual de insuficientes por culpa de Bayley, a menudo aquejado de problemas vocales que se añadían a su discutible validez como cantante de Maiden. Así que, tras cinco años de éxodo musical, Harris aceptó que Dickinson y Smith regresasen a la banda. ¡Qué gran decisión!

Brave New World

29 de mayo de 2000

Grabado entre el verano de 1999 y el mes de abril de 2000.
Producido por Kevin Shirley

Canciones

The Wicker Man (4:35, Adrian Smith, Steve Harris, Bruce Dickinson) – Ghost of the Navigator (Janick Gers, B. Dickinson, S. Harris) – Brave New World (6:18, Dave Murray, S. Harris, B. Dickinson) – Blood Brothers (7:14, S. Harris) – The Mercenary (4:42 – J. Gers, S. Harris) – Dream of Mirrors (9:21, J. Gers, S. Harris) – The Fallen Angel (4:00, A. Smith, S. Harris) – The Nomad (9:06, D. Murray, S. Harris) – Out of the Silent Planet ((6:25, J. Gers, B. Dickinson, S. Harris) – The Thin Line Between and Hate (8:26, D. Murray, S. Harris).

Singles

«The Wicker Man»/«Futureal» (grabada en vivo el 15 de septiembre de 199 en el Ice Hall de Helsinki)- «Man on the Edge» (grabada en vivo el 23 de septiembre de 1999 en el Filaforum de Milán)- «The Wicker Man» (vídeo) (8 de mayo de 2000), número 4 en Canadá e Italia, número 5 en Suecia, número 9 en Gran Bretaña y Noruega, número 11 en Finlandia, número 38 en Alemania, número 39 en Francia, número 45 en Holanda y número 81 en Suiza.

«Out of the Silent Planet»/«Wasted Years» (grabada en directo el 23 de septiembre de 1999 en el Filaforum de Milán) – «Aces High» (grabada en directo el 26 de septiembre de 1999 en la plaza de toros de Las Ventas de Madrid) – «Out of the Silent Planet» (vídeo) (23 de octubre de 2000), número 10 en Italia, número 13 en Finlandia, número 20 en Gran Bretaña, número 35 en Suecia, número 66 en Alemania, número 72 en Francia y número 87 en Holanda.

¡Aleluya! Tras cinco años y dos discos para el olvido la Doncella de Hierro volvía por todo lo alto, con su alineación más clásica, reforzada por la merecida permanencia de Janick Gers, y un álbum sobriamente producido y, lo que es aún mejor, con diez nuevas canciones que, puestos a la comparativa, resultaban un equilibrio entre los Maiden clásicos, entiéndase *The Number of the Beast-Piece of Mind-Powerslave*, y los 'progresivos', del período *Somewhere in Time-Seventh Son of a Seventh Son*.

El trío de excelsos guitarristas ajustaron sus hachas como un guante, las canciones sonaban vigorosas y la voz de Dickinson volvía a mimar los oídos de los fans. De hecho, el cantante fue, probablemente, el reclamo que estaban esperando los seguidores del otro lado del Atlántico, ya que *Brave New World* se aupó hasta el puesto 39 en Estados Unidos, tras los malos resultados comerciales de los discos pertenecientes a la 'era Bayley'.

Y, al contrario que los dos títulos anteriores, cada uno de los cortes de esta entrega sonora merecían destacarse; de ahí que la revista *Kerrang!* le concediese cinco estrellas. Una calificación discutible, cuatro hubieran sido más justas, pero eran tantas las ganas de volver a disfrutar de Iron Maiden que se entiende la excelencia de la mención.

Por otro lado, *Brave New World*, robusto, rítmico y de sublime inspiración, confirmaba, una vez más, que si bien Steve Harris es el *alma mater* de la banda, participando en esta ocasión en todos los nuevos temas, también necesita estar rodeado de las personas adecuadas para llevar a buen puerto un disco. *The X Factor* y *Virtual XI* los sacó prácticamente él solo adelante, con un productor, Nigel Green, poco revelante, y los resultados fueron los que fueron.

Tal y como había sucedido en el pasado, y sin olvidar el quehacer de Kevin Shirley tras la mesa de grabación, *Brave New World* suena enorme gracias a las contribuciones y el buen propósito de Murray, Dickinson, Gers y Smith (la contribución de éste último se limita a dos temas, el single «The Wicker Man» y «The Fallen Angel», cuando en los álbumes posteriores su participación sería mayor. ¿Casualidad o prudencia ante el impredecible reenganche?).

El siglo XXI trajo bajo el brazo el pan de los Maiden definitivos.

⚡

Dance of Death

2 de septiembre de 2003

Grabado en los estudios Sarm West de Londres durante los meses de enero y febrero de 2003.
Producido por Kevin Shirley

Canciones

Wildest Dreams (3:52, Adrian Smith, Steve Harris) – Rainmaker (3:48, Dave Murray, S. Harris, Bruce Dickinson) - No More Lies (7:21, S. Harris) – Montségur (5:50, Janick Gers, S. Harris, B. Dickinson) - Dance of Death (8:36, J. Gers, S. Harris) - Gates of Tomorrow (5:12, J. Gers, S. Harris, B. Dickinson) - New Frontier (5:04, Nicko McBrain, A. Smith, B. Dickinson) – Paschendale (8:27, A. Smith, S. Harris) - Face in the Sand (6:31, A. Smith, S. Harris, B. Dickinson) - Age of Innocence (6:10, D. Murray, S. Harris) -Journeyman (7:06, A. Smith, S. Harris, B. Dickinson).

Singles

«Wildest Dreams«/«Pass the Jam»-«Blood Brothers» (1 de septiembre de 2003), número 1 en Finlandia, número 4 en Italia y Suecia, número 5 en Noruega, número 6 en Gran Bretaña, número 19 en Irlanda, número 26 en Canadá, número 27 en Alemania, número 45 en Holanda, número 57 en Francia, número 65 en Australia y número 68 en Suiza.

«Rainmaker»/«Dance of Death»-«More Tea Vicar» (24 de noviembre de 2003), número 3 en Finlandia, número 13 en Gran Bretaña e Italia, número 35 en Suecia, número 36 en Alemania y número 71 en Francia.

Nada menos que tres años tardó la reagrupada formación clásica de Iron Maiden en publicar *Dance of Death* tras el encomiable *Brand New World*, aunque la espera valió la pena. Para la ocasión, todo el mundo arrimó el hombro, hasta McBrain se estrenaba como compositor en «New Frontier», y la banda se descolgó con un disco rítmico y vital como hacía tiempo no se les escuchaba.

Con letras que combinaban la historia bélica («Montsegur», «Paschendale», «Face in the Sand»), con lo espiritual (la citada «New Frontier») y hasta referencias cinéfilas («Dance of Death» se inspira en *El séptimo sello* de Ingmar Bergman), *Dance of Death* se avitualla puntualmente de rock progresivo, la clásica combinación de tempos e incluso de sonoridades acústicas, dando esto último lugar a la primera pieza de este carácter en la discografía Maiden, la notable «Journeyman», innegablemente basada en la principal aportación del siempre más experimental Smith. Pero sobre todo, el disco es una estupenda puesta a punto del sonido y estilo tradicionales, situando a la banda, por enésima vez, como referente puntero del heavy.

La revista *Kerrang!*, como ya hizo con *Brand New World*, concedió cinco estrellas, una valoración más propia de fans que de una crítica objetiva, pero demostración de que Iron Maiden disfrutaban de una merecida y bien ganada segunda juventud, especialmente en Estados Unidos, donde la banda recuperaba parte del terreno comercial perdido, entrando en el Top 20 de álbumes.

───────────────── ⚡ ─────────────────

A Matter of Life and Death

28 de agosto de 2006

Grabado entre el 1 de marzo y el 4 de mayo de 2006 en los estudios Sarm West de Londres.
Producido por Kevin Shirley

Canciones

Different World (4:17, Adrian Smith, Steve Harris) - These Colours don't Run
(6:52, A. Smith, S. Harris, Bruce Dickinson) - Brighter than a Thousand Suns (8:44,
A. Smith, S. Harris, B. Dickinson) - The pilgrim (5:07, Janick Gers, S. Harris) -
The Longest Day (7:48, A. Smith, S. Harris, B. Dickinson) - Out of the Shadows
(5:36, B. Dickinson, S. Harris) - The Reincarnation of Benjamin Breeg (7:21, Dave
Murray, S. Harris) - For the Greater Good of God (9:23, S. Harris) - Lord of Light
(7:25, A. Smith, S. Harris, B- Dickinson) - The Legacy (9:20, J. Gers, S. Harris).

Singles

«The Reincarnation of Benjamin Bregg»/«Hallowed be thy Name» (del programa
Legends Sessions de Radio 1) (14 de agosto de 2006), número 1 en Finlandia y Suecia, número 9 en Noruega, número 18 en Irlanda, número 39 en Alemania, número
70 en Francia y número 74 en Suiza
«Different World»/«Hallowed be thy Name»-«The Trooper» (ambas del programa Legends Sessions de Radio 1) (14 de noviembre en Estados Unidos y 26 de
diciembre en Gran Bretaña), número 39 en Irlanda y número 40 en Alemania.

Sabiendo que una de las claves de su éxito es su demoledor directo, Iron
Maiden dieron la instrucción al productor Kevin Shirley de grabar *A Matter*
Life and Death bajo el mínimo número de tomas y capturar, de esta manera,
la frescura y la fuerza que los caracterizaban sobre el escenario. De ahí que
el disco tenga un sonido contundente, sin olvidar los matices progresivos y
melódicos que ya formaban parte del bagaje del sexteto

Al margen de la omnipresente contribución de Steve Harris, *A Matter of*
Life and Death se enriquece del talento de Adrian Smith, partícipe en cinco
de los diez temas, lo que lo volvía a confirmar como una de las piezas claves
en la composición junto a Dickinson, que aquí, además, se muestra versátil
y vocalmente sucinto a los requerimientos particulares de cada una de las
canciones.

El álbum es, sin duda, uno de los trabajos más solidos del sexteto, con un buen single, «Different World», y cortes encomiables, como «The Reincarnation of Benjamin Breeg», «These Colours don't Run», «Brighter than a Thousand Suns», «Out of the Shadows» o «The Legacy», que muestran a Maiden como una banda madura que, lejos de conformarse con su potencial inerte, busca inquieta nuevos horizontes sonoros.

A Matter of Life, que incluso consiguió ser número 4 en España (fue número 4 en Gran Bretaña y número 9 en Estados Unidos), es un disco con diferentes capas que debe escucharse con atención si se quiere descubrir como uno de los títulos más logrados de la discografía de la Doncella de Hierro.

⚡

The Final Frontier

13 de agosto de 2010

Grabado entre el 11 de enero y el 12 de febrero de 2010 en los estudios Compass Point de las Islas Bahamas y entre el 17 de febrero y el 1 de marzo de 2010 en los estudios The Cave de Malibú, California.
Producido por Kevin Shirley.

Canciones

Satellite 15... The Final Frontier (8:40, Adrian Smith, Steve Harris) - El Dorado (6:49, A. Smith, S. Harris, Bruce Dickinson) - Mother of Mercy (5:20, A. Smith, S. Harris) - Coming Home (5:52, A. Smith, S. Harris, B. Dickinson) - The Alchemist (4:29, Janick Gers, S. Harris, B. Dickinson) - Isle of Avalon (9:06, A. Smith, S. Harris) – Starblind (7:48, A. Smith, S. Harris, B. Dickinson) - The Talisman (9:03, J. Gers, S. Harris) - The Man Who Would Be King (8:28, Dave Murray, S. Harris) - When the Wild Wind Blows (10:59, S. Harris).

Singles

«El Dorado» (8 de julio de 2010).

Tras la inesperada y extensa apertura a cargo de «Satellite 15», *The Final Frontier* discurre bajo la perpetuación de las pautas marcadas en buena parte por su predecesor, *A Matter of Life and Death*. No bajan la guardia creativa Harris, Smith y Dickinson, aportando como trío de autores un nuevo número de canciones consistentes y asimilables a las nuevas corrientes del metal, en las que sólo se da cabida a la pirotécnia instrumental que solicitan las composiciones.

Para muchos, *The Final Frontier* se sitúa a la misma altura que *Brand New World*. *Dance of Death* era demasiado directo y *A Matter Life and Death* demasiado profundo, consideraciones más o menos subjetivas pero que quizás insinúen el equilibrio final gracias a temas como «Coming Home», «Isle of Avalon», «Starblind», «The Talisman» o «The Man Who Would Be King», en los que se dan cabida tanto el popular ritmo galopante Maiden como los ecos de heavy rock clásico, sonoridades acústicas de cadencia folk y tentativas progresivas.

The Final Frontier fue una notable celebración de que Iron Maiden rehuían la comodidad de una carrera de cuatro décadas, propósito que le valió ser número 1 en un rosario de países: Alemania, Arabia Saudí, Austria, Brasil, Bulgaria, Canadá, Chile, Colombia, Croacia, República Checa, Dinamarca, España, Estonia, Finlandia, Francia, Gran Bretaña, Grecia, Hungría, Islandia, India, Itaia, México, Nueva Zelanda, Noruega, Portugal, Rúsia, Suecia y Suiza. Y, por si esto fuera poco, en Estados Unidos número 4.

The Book of Souls

4 de septiembre de 2015

Grabado entre los meses de septiembre y diciembre de 2014
en los estudios Guillaume Tell de París.
Producido por Kevin Shirley y Steve Harris

Canciones

If Eternity Should Fail (8:28, Bruce Dickinson) - Speed of Light (5:01, Adrian Smith, B. Dickinson) - The Great Unknown (6:37, A. Smith, S. Harris) - The Red and the Black (13:33, S. Harris) - When the River Runs Deep (5:52, A. Smith, S. Harris) - The Book of Souls (10:27, Janick Gers, S. Harris) - Death or Glory (5:13, A. Smith, B. Dickinson) - Shadows of the Valley (7:32, J. Gers, S. Harris) - Tears of a Clown (4:59, A. Smith, S. Harris) - The Man of Sorrows (6:28, Dave Murray, S. Harris) - Empire of the Clouds (18:01, B. Dickinson).

Singles

«Speed of Light» (14 de agosto de 2015)
«Empire of the Clouds» (16 de abril de 2016)

Coincidiendo con el cuarenta aniversario de la fundación de la banda, Iron Maiden presentaron uno de los trabajos discográficos más ambiciosos de toda su carrera. Por primera vez, el grupo publicaba un doble disco en estudio, cúmulo de intensidades, adorables *geeks*, talento, profesionalidad y experiencia.

Con cuatro décadas a las espaldas no se puede esperar de ningún músico, llámase como se llame, sorpresas, pero sí un trabajo irreprochable en pago a una larga trayectoria. Y *The Book of Souls* lo es.

Musicalmente proporcionado, progresivo y clásico, y sempiterno ejemplo del inconformismo calculado que desde siempre ha caracterizado a la banda, el sexteto presentaba once nuevas canciones que prácticamente se escribieron durante las sesiones de grabación.

Frescura ha sido desde siempre una de las eternas obsesiones de Maiden, primero en directo, como no podía ser de otra manera, pero también, y a diferencia de muchas bandas, a la hora de trabajar en estudio. Janick Gers lo confesaba y defendía en la promoción del disco.

Once temas que, redondeando, no bajan de los cinco minutos, y que en ningún momento pueden decepcionar, no ya sólo a sus fieles y multitudinarios seguidores, sino a cualquiera que se acerque por primera vez a su discografía. Revistas como *Kerrang!* y *Metal Hammer* lo recibieron con críticas excelsas, que se pueden entender más bien como un tributo a la leyenda y a las contribuciones de Harris, Smith y Dickinson, este último sorprendiendo con el épico y fastuoso colofón «Empire of the Clouds».

Y para el gran saco de canciones clásicas, «If Eternity Should Be Fall», «The Great Unkown», «When the River Run Deeps», «The Book of Souls», «Death or Glory»… a la que uno se despiste se acaban incluyendo todas.

La sensación es que, tras años y años en la carretera, Iron Maiden siguen teniendo la misma ambición de sus primeros años. Y eso es impagable.

Discos en solitario

Aunque tanto Janick Gers como Nicko McBrain participaron como miembros en la grabación de varios discos en distintas bandas antes de su llegada a Iron Maiden, tan sólo Bruce Dickinson y Adrian Smith han publicado álbumes bajo su nombre, caso del cantante, o bajo el de bandas que ellos mismos formaron, caso del guitarrista, tal y como se relaciona a continuación.

BRUCE DICKINSON

Como ya se ha dicho, previamente a su entrada en Iron Maiden, Bruce Dickinson fue el vocalista de Samson, banda fundada por el guitarrista Paul Samson en 1977 y cuyo debut discográfico se produciría en 1979 con el álbum *Survivors*. Tras éste llegarían los francamente interesantes *Head On* (1980) y *Shock Tactics* (1981). En 1990 vería la luz el directo *Live at Reading'81*, que recogía la actuación que el cuarteto ofrecería en el clásico festival el 12 de septiembre de 1981, poco antes del fichaje de Dickinson por la Doncella de Hierro.

Siempre inquieto, el cantante iniciaría tímidamente, y aún a rebufo de Maiden, su carrera discográfica en solitario en 1990, con el lanzamiento de *Tattooed Millionaire*, formalizando su discografía particular en 1994, dos años después de la que sería su marcha temporal de la banda.

⚡ Tattooed Millionaire

Publicado el 8 de mayo de 1990, producido por Chris Tsangarides y con el futurible Janick Gers, además de Andy Car y Fabio del Rio como músicos acompañantes, Dickinson –aprovechando el éxito del tema «Bring your Daughter... to the Slaughter», incluído en la banda sonora de *Pesadilla en Elm Street 5–* tentó la suerte con *Tattooed Millionaire*, trabajo correcto del cual destacan piezas como ««Son of a Gun», «Gypsy Road» o «Dive! Dive! Dive!», ésta última uno de los tres singles extraídos del disco, junto a «Tattooed Millionaire», número 18 en Gran Bretaña, y la pseudobiográfica «Born in'58 », número 81 en Gran Bretaña.

Tattooed Millionaire incluye también el superclásico «All the Young Dudes», escrita y producida en 1972 por David Bowie para Ian Hunter y sus Mott the Hoople, y que en esta versión de Dickinson alcanzaría el número 23 en Gran Bretaña.

⚡

Balls to Picasso

Producido por el norteamericano Shay Baby (Whitesnake, Dare) y publicado el 6 de junio de 1994, el segundo trabajo de Dickinson sirvió para iniciar su estrecha colaboración con Roy Z, posteriormente integrante de Tribe of Gypsies y de las bandas de Rob Rock y Rob Halford.

En *Balls to Picasso*, Roy Z se encarga de las guitarras, además de colaborar en la composición de todos los temas, a excepción de «Tears of the Dragon», primer single extraído del disco, número 28 en Gran Bretaña y número 36 en Estados Unidos.

La idea original para este primer álbum en solitario del cantante tras su salida de Iron Maiden fue la de reclutar a la banda Skin, a la que no tardó en descartar para ponerse en manos del productor Keith Olsen (Ozzy Osbourne, Scorpions, Whitesnake…), aunque tampoco éste corrió mejor suerte, ya que Dickinson optó finalmente por asociarse con Roy Z y fichar al bajista Eddie Casillas y al batería David Ingraham. El vocalista encaró así la grabación, que se llevaría a cabo entre los estudios Metropolis, Townhouse 3 y Westside de Londres, Silvercloud de Los Ángeles y Grannys de Reno.

El resultado es un trabajo que tuvo una acogida inferior a la de su predecesor, si bien cuenta con buenos cortes, como «Cyclops», «Hell no» o «Gods of War».

⚡

Skunkworks

Con Jack Endino, uno de los puntales del movimiento grunge, encargado de la producción, en 1996 Dickinson buscaba a toda costa no perder el pulso de la música del momento. Se vió tan desesperado que hasta llegó a barajar la posibilidad de que 'Skunkworks' fuese el nombre de una banda de la cual el fuese un miembro más, aunque la discográfica Castle le aconsejó continuar como artista en solitario.

Musicalmente, en la segunda mitad de los años noventa, la cabeza de Dickinson estaba en el trabajo de bandas como Soundgarden, mientras que las letras de sus nuevas canciones esgrimían ciencia y tecnología, siguiendo algunas de las tendencias propias de fin de siglo.

Junto al guitarrista Alex Dickson, el bajista Chris Dale y el batería Alessandro Elena, Dickinson produjo un trabajo encuadrado en el post-grunge que, por tanto, escandalizó a la parroquia heavy, pero devino en un sincero ensayo por romper moldes. El paso del tiempo ha beneficiado a *Skunkworks* y hoy en día resultan francamente interesantes temas como el single «Back from the Edge» (número 68 en Gran Bretaña), «Inertia», «Inside the Machine» o «Dreamstate».

⚡

Accident of Birth

Un año después de su anterior trabajo en estudio, y tras el lanzamiento del EP *Skunkworks* (que reunía los temas «Inertia», «Faith» «Innerspace» y la versión «The Prisoner», grabados en directo en Pamplona el 31 de mayo de 1996 y en Girona el 1 de junio de 1996), a mediados de mayo de 1997 Dickinson contraatacaba con *Accident of Birth*, producido por Roy Z, quien también se haría cargo de algunas guitarras, y con la flamante incorporación de Adrian Smith, además de Eddie Casillas (bajo) y David Ingraham (batería).

El álbum, con una clara aproximación al sonido Maiden, logró una buena acogida por parte de la prensa especializada, la revista *Rock Hard* lo puntuó con un 9,5, e incluso el tema que le da título logró el puesto 54 en las listas de éxitos británicas. Para los fans es, junto al siguiente disco en su discografía, de lo mejor de Dickinson en solitario.

⚡

The Chemical Wedding

La buena acogida y los buenos resultados musicales de *Accident of Birth* obligaron a Dickinson a repetir la fórmula en su disco de 1998, asegurando que *The Chemical Wedding* se situase en el pináculo de su discografía particular.

Inspirado en la obra de William Blake, las letras de las canciones fueron tenidas muy en cuenta por la crítica, hasta el punto de que los medios calificaron el disco como «metal moderno y asceta», además de considerarlo no sólo uno de los mejores discos del género de los años noventa, sino también, como en el caso de la revista *Rock Hard*, uno de los mejores 500 discos de rock y metal de todos los tiempos. En cuanto a lo musical, destacan piezas robustas como «King in Crimson», «Killing Floor» o «The Alchemist».

Con éste y el anterior álbum, Dickinson se lo puso muy fácil a los detractores de Blaze Bayley...

⚡

Tyranny of Souls

Ya de nuevo en las filas de Iron Maiden y durante el poco tiempo que le permitía la apretada agenda de la banda, entre los catorce meses que discurrieron entre el *Dance of Death World Tour* y el *Eddie Rips Up the World Tour*, Dickinson volvió a reunirse con Roy Z para producir, codo con codo, el que hasta ahora es su último disco en solitario.

Grabado en Estados Unidos a comienzos de 2005, *Tyranny of Souls*, en el que participan como músicos Dave Moreno (batería), Ray Burke (bajo), Juan Pérez (bajo) y Maestro Mistheria (teclados), es otro buen trabajo del

cantante, en el que junto a las reminiscencias Maiden, caso de la introducción «Mars Within» o «Power of the Sun», también introduce ambientes
musicales novedosos, como la guitarra acústica en «Navigate the Seas of the
Sun» o el piano en «Kill Devil Hill».

o o o

Además de éstos seis discos en estudio, la discografía de Dickinson se completa con dos más en directo, *Alive in Studio A* (1995) y *Scream for me Brazil*
(1999), así como el recopilatorio *The Best of Bruce Dickinson* (2001), en el que
se incluyen dos temas inéditos, «Broken» y «Silver Wings».

ADRIAN SMITH

Tras su paso por Urchin, banda con la que gra-
baría tan sólo dos discos, *Black Leather Fantasy* y
She's a Roller, ambos publicados en 1977, y tras
permanecer en Iron Maiden durante toda la
década de los ochenta, Adrian Smith decidió
emprender el vuelo en solitario en 1989 con
Adrian Smith and Project, más conocido po-
pularmente como ASAP.

Lamentablemente, y a pesar del apoyo de
EMI, ASAP no consiguieron el éxito deseado y Smith se apar-
tó del negocio musical algunos años, hasta que en la segunda mitad de los
noventa regresase con Psycho Motel, con los que publicaría dos discos. Ya
en pleno siglo veintiuno, y con su puesto asegurado en Maiden, ocuparía su
escaso tiempo libre como miembro de Primal Rock Rebellion.

Silver and Gold

Harto del extenuante ritmo de la Doncella de Hierro y en busca de un espacio musical propio, más orientado al hard rock que al heavy metal, en 1989 Smith publicaba su primer trabajo en solitario, *Silver and Gold*, para cuya grabación llamó a sus camaradas Andy Barnett, Dave Colwell y Richard Young, además de Zak Starkey, hijo del popular Ringo Starr.

El resultado fue un disco comercial con ciertos toques progresivos, que tuvo un fuerte apoyo mediático en Estados Unidos, pero a pesar del lanzamiento de dos singles, «Silver and Gold» y «Down the Wire», y de la gira llevada a cabo por el citado país, *Silver and Gold* fue un estrepitoso fracaso que condujo a la rápida disolución de la nueva banda.

State of Mind

Alejado de la música por una temporada, en 1995 Smith regresaba 'camuflado' en un nuevo proyecto, Psycho Motel, otra tentativa progresiva en la que le acompañaron inicialmente el cantante Hans-Olav Solli, el bajista Gary Leideman y el batería Mike Sturgis.

Curiosamente, el disco se publicó antes en Japón que en Europa y se trata de un trabajo correcto de múltiples e interesantes referencias que evocan por momentos a bandas tan dispares como Alice In Chains o Testament, aunque también se palpa el bagaje de hard blues de Smith.

⚡

Welcome to the World

Tras reemplazar a Solli por Andy Makin, a finales de noviembre de 1996 Psycho Motel publicaban su segundo y último álbum, *Welcome to the World*, más oscuro que su predecesor y en el que partici-  paron como invitados Dave Murray («With You Again») y Scott Gorham («I'm Alive»), de Thin Lizzy.

Desafortunadamente, el disco, grabado en los estudios Matrix de Londres, obtuvo la misma escasa repercusión que *State of Mind*, a pesar de contar con algunas buenas canciones como «The Last Chain» o «With You Again».

⚡

Awoken Broken

En el asueto entre las giras *The Final Frontier World Tour* (de junio de 2010 a agosto de 2011) y *Maiden England World Tour* (de junio de 2012 a julio de 2014) y acompañado por el cantante Mikee Goodman y el batería Dan Ford, Smith se descolgaba en 2011 con un nuevo proyecto de banda, Primal Rock Rebellion. Resultado de esta tentativa se publicaría en el mes de febrero del siguiente año, y a través del sello finlandés Spinefarm Records, *Awoken Broken*, que discurría por los cauces del heavy alternativo y progresivo y del que se extraerían como singles los temas «I See Lights» y «No Place Like Home».

Awoken Broken debe considerarse como una modesta aunque variada revisión del metal, en el que se dan cabida 'palos' como el AOR («Tortured Tone»), el death («Awoken Broken«) y hasta folk-rock («Mirror and the Moon»).

⚡

Videografía

Si bien la videografía de Iron Maiden es más extensa, en la actualidad la propia banda reconoce formalmente tan sólo siete títulos. No obstante, éstos recopilan algunos trabajos previos a los que posteriormente haremos referencia.

Según esa 'formalidad', sustentada en el formato digital, y expuestos en orden cronológico, la videografía Maiden se abre con *Rock in Rio*...

Rock in Rio
(2002)

Publicado el 10 de junio de 2002, *Rock in Rio* es la filmación, dirigida por Dean Karr (Korn, Velvet Revolver, Queens of Stone Age, Cheap Trick, Ozzy Osbourne...), de la actuación que el sexteto ofreció el 19 de enero de 2001 en el popular festival de Rio de Janeiro.

Frente a una audiencia de doscientas cincuenta mil personas, Maiden presentan un repertorio que incluye desde clásicos antiguos, como «Iron Maiden», hasta un exhaustivo repaso de su último disco hasta aquella fecha, *Brave New World*, del que interpretan «The Wicker Man», «Ghost of the Navigator», «Brave New World», «Blood Brothers», «The Mercenary» y «Dream of Mirrors».

A rebufo de la expectación que había despertado la reunión de la alineación clásica, el DVD tendría una excelente acogida, siendo número 1 en Gran Bretaña, número 2 en Alemania, Noruega y Estados Unidos y número 3 en Austria y Finlandia, además de Vídeo de Doble Platino en Canadá, Vídeo de Platino en Argentina, Gran Bretaña y Estados Unidos y Vídeo de Oro en Australia, Alemania y Polonia.

⚡

The History of Iron Maiden, Part 1: The Early Days
(2004)

Casi dos años y medio después de *Rock in Rio*, el 1 de noviembre de 2004 la banda publicaría uno de los DVD más espléndidos de su carrera, *The History of Iron Maiden, Part 1: The Early Days*, un trabajo

casi arqueológico que contiene las filmaciones *Live at the Rainbow* (21 de diciembre de 1980), *Beast over Hammersmith* (20 de marzo de 1982), *Live at Dortmund* (18 de diciembre de 1983) y *Live at the Ruskin Arms* (1980), además de los documentales *The Early Days* (90 minutos) y *20th Century Box* (50 minutos), apariciones televisivas (en *Top of the Pops* y *Rock and Pop*) y los videoclips de «Women in Uniform», «Run to the Hills», «The Number of the Beast», «Flight of Icarus» y «The Trooper».

En la narración de la historia de los primeros años de la Doncella de Hierro colaboran antiguos miembros del grupo, como Paul Di'Anno, Clive Burr, Dennis Stratton, Doug Sampson, Dave Sullivan, Terry Rance, Ron Matthews, Terry Wapram y Bob Sawyer.

The History of Iron Maiden, Part 1: The Early Days contó con beneplácito de los fans, que lo hicieron número 1 en España, además de número 2 en Noruega y número 3 en Gran Bretaña, logrando el Vídeo de Doble Platino en Canadá, el Vídeo de Platino en Finlandia, Estados Unidos y Francia y el Vídeo de Oro en Australia y Gran Bretaña.

Death on the Road

Publicado el 6 de febrero de 2006, *Death on the Road* es un triple DVD que contiene la actuación del 24 de noviembre de 2003 en el Westfalenhalle de Dortmund, Alemania, durante el *Dance of Death World Tour*, así como los documentales *Death on the Road* y *Life on the Road* y los videoclips de las canciones «Wildest Dreams»« y «Rainmaker».

El primero de los dos documentales, *Death on the Road*, de setenta y cinco minutos, recoge el proceso tanto de la grabación del disco como el de la puesta en escena de la gira, acompañado de entrevistas a los miembros de la banda, al productor Kevin Shirley y algunos de los técnicos. En cuanto a *Life on the Road*, de cuarenta y cinco minutos, se centra en el desarrollo del día a día en la carretera.

Death on the Road fue número 1 en Finlandia, Gran Bretaña y Noruega, número 2 en España y número 14 en Estados Unidos, posición ésta última que confirmaba la recuperación del mercado de ese país para el sexteto.

Live After Death

Correspondiente a la histórica gira *World Slavery Tour*, *Live After Death* es la version en DVD del vídeo VHS del mismo título, originalmente editado en 1985, conteniendo, por tanto, la filmación de los conciertos celebrados entre el 14 y el 17 de marzo de aquel mismo año en el Arena de Long Beach, California.

De ahí que la selección de canciones de esta versión digitalizada y remasterizada, publicada el 4 de febrero de 2008, resulte antológica: «Aces high», «2 Minutes to Midnight», «The Trooper», «Revelations», «Flight of Icarus», «Rime of the Ancient Mariner», «Powerslave», «The Number of the Beast», «Hallowed be thy Name», «Iron Maiden», «Run to the Hills», «Running Free» y «Sanctuary».

Además, incluye los documentales *The History of Iron Maiden, Part 2, Live After Death, Behind the Iron Curtain* y *'Ello Texas* y un resumen de cincuenta minutos del legendario concierto ofrecido ante trescientas mil personas en el festival Rock in Rio el 11 de enero de 1985.

Live After Death, en su versión DVD, fue flamante número 1 en Australia, Dinamarca, Finlandia, Alemania, Italia, Francia, Nueva Zelanda, España, Suecia, Suiza y Gran Bretaña; número 2 en Bélgica, Irlanda, Portugal y Estados Unidos y número 3 en Austria y Hungría, así como también Vídeo de Platino en Argentina y Estados Unidos y Vídeo de Oro en Australia, Finlandia, Alemania y Gran Bretaña.

⚡

Flight 666, The Film

Publicado el 21 de abril de 2009, *Flight 666, The Film* es un documental dirigido por los canadienses Scot McFadyen y Sam Dunn, quienes anteriormente habían mostrado su interés por el heavy metal mediante los también documentales *Metal: A Headbanger's Journey* (2005) y *Global Metal* (2008).

Flight 666, The Film se filmó en los conciertos celebrados entre los meses de febrero y marzo de 2008 durante el *Somewhere Back in Time World Tour*. En ese intervalo de cuarenta y cinco días y veintitrés actuaciones, la banda actuó en trece países, desplazándose a tal efecto en su despampanante Boeing 757, bautizado como Ed Force One.

Comercialmente, el DVD fue un éxito enorme, al ser número 1 en Arabia, Australia, Austria, Bélgica, Canadá, República Checa, Dinamarca, Finlandia, India, Irlanda, Italia, México, Nueva Zelanda, Noruega, Polonia, Suecia, Suiza, Gran Bretaña y Estados Unidos; número 2 en Portugal y España; número 3 en Francia, Hungría y Holanda y número 7 en Alemania, alcanzando el estatus de Vídeo de Quíntuple Platino en Canadá.

Como reflejo del *Somewhere Back in Time World Tour*, el listado de canciones que recoge el DVD evoca el momento dorado de la carrera de la Doncella de Hierro, nutriéndose de sus álbumes clásicos, publicados entre 1982 y 1988: *The Number of the Beast*, *Piece of Mind*, *Powerslave*, *Somewhere in Time* y *Seventh Son of a Seventh Son*.

⚡

En Vivo

Según declararía Rod Smallwood a la prensa a comienzos de 2011, la idea original para la publicación de un nuevo DVD en directo era la de aprovechar los conciertos previstos durante el *Final Frontier World Tour* en Argentina y Chile, aunque al final, y a pesar de las dos actuaciones en ambos países, la banda se decantó por la llevada a cabo el 10 de abril en Santiago de Chile, ya que, en palabras del propio Steve Harris, esa resultó «una de nuestras mejores actuaciones de toda la gira y hacerlo en el Estadio Nacional un momento cumbre para nosotros».

Publicado al igual que su versión CD el 26 de marzo de 2012, *En Vivo*, incluye el documental *Behind the Beast*, que a lo largo de hora y media muestra las vicisitudes de la banda y su equipo tras el escenario.

En Vivo significó otro éxito para Iron Maiden, siendo número 1 en Australia, Austria, Dinamarca, Finlandia, Alemania, Hungría, Noruega, España, Suecia y Gran Bretaña, número 2 en Francia, Italia, Holanda y Suiza y número 3 en Bélgica y Portugal, además de Vídeo de Doble Platino en Canadá, Vídeo de Platino en Estados Unidos y Vídeo de Oro en Australia, Francia, Alemania y Polonia.

⚡

Maiden England '88

Recuperando el vídeo VHS original del mismo título, que había sido publicado el 8 de noviembre de 1989, con los dos conciertos ofrecidos en el National Exhibition Centre de Birmingham los días 27 y 28 de noviembre de 1988 durante la gira *Seventh Tour of a Seventh Tour*, el 25 de marzo de 2013 aparecía *Maiden England'88*.

Una nueva mirada al pasado, al igual que la gira de cien conciertos *Maiden England World Tour*, que incluye los temas «Moonchild», «The Evil that Men Do», «The Prisoner», «Still Life», «Die with Your Boots on», «Infinite Dreams», «Killers», «Can I Play with Madness», «Heaven Can Wait», «Wasted Years», «The Clairvoyant», «Seventh Son of a Seventh Son», «The Number of the Beast», «Hallowed be thy Name», «Iron Maiden», «Run to the Hills», «Running Free» y «Sanctuary», interpretados en el invierno de 1988 por el quinteto clásico de la formación.

Para hacerla más atractiva si cabe, la nueva edición digitalizada incluía también el documental *The History of Iron Maiden, Part 3*, el vídeo de 1987 *12 Wasted Years* y los videoclips de las canciones «Wasted Years», «Stranger in a Strange Land», «Can I Play with Madness», «The Evil that Men Do» y «The Clairvoyant».

Maiden England'88 coparía los primeros puestos de las listas de DVD internacionales, siendo número 1 en Italia, España, Estados Unidos y Suecia,

número 2 en Austria, Bélgica, Finlandia, Francia, Alemania, Holanda, Gran
Bretaña y Suiza y número 3 en Australia.

● ● ●

Como ya se ha dicho, además de éstos siete títulos, la videografía de Iron Maiden incluye otros que en su momento fueron editados en formato vídeo VHS
y posteriormente revisados y volcados al formato digital, quedando repartidos
entre la videografía comentada.

El más antiguo de ellos es *Live at the Rainbow*, publicado en el mes de mayo
de 1981 con parte del concierto que la banda ofreció en el teatro Rainbow de
Londres el 21 de diciembre de 1980. Un documento de apenas treinta y dos
minutos y que recoge los temas «The Ides of March», «Wrathchild», «Killers», «Remember Tomorrow», «Transylvania», «Phantom of the Opera» y
«Iron Maiden». Su traslado al formato digital tendría lugar en 2004, con su
anexión al DVD *The History of Iron Maiden: part 1, The Early Days*.

Dos años después, en el mes de julio de 1983, llegaría *Video Pieces*, un lanzamiento estrictamente comercial que reunía los videoclips de los temas «Run to
the Hills», «The Number of the Beast», «Flight of Icarus» y «The Trooper».

Ya en abril de 1985 aparecería *Behind the Iron Curtain*, documental grabado
en el mes de agosto de 1984 durante el *World Slavery Tour* a su paso por Polonia, Hungría y Yugoslavia. En su primera edición en VHS la duración era
de treinta minutos, aunque en una segunda revisión alcanzaría los cincuenta
y ocho, incluyendo los temas «Aces High», «The Trooper», «22 Acacia Avenue», «The Number of the Beast», «Halloweed be thy name», «2 Minutes to
Midnight» y «Run to the Hills», grabados durante las actuaciones del 11 de
agosto en Poznan, Polonia, y del 17 de agosto en Budapest. Su paso definitivo
a DVD se produciría en 2008, al ser incluído en el segundo volumen de *Live
After Death*.

12 Wasted Years, recuperado en 2013 en el DVD *Maiden England'88*, es un
documental de hora y media que repasaba la historia de la banda entre los
años 1975 y 1987. Combina entrevistas a los miembros de la banda y a personas de su organización, con videoclips («Women in Uniform» y «Stranger in
Strange Land»), actuaciones en televisón («Running Free» y «Wasted Years»)
y temas en directo («Charlotte the Harlot», «Murders in the Rue Morgue»,
«Children of the Damned», «The Number of the Beast», «Total Eclipse»,
«Iron Maiden», «Sanctuary», «The Prisoner», «22 Acacia Avenue», «Wasted Years» y «The Trooper»).

A los años 1990 pertenecen otros tres vídeos más: *The First Ten Years: The Videos* (1990), que como su nombre indica reunía dieciséis videoclips ordenados cronológicamente, desde «Women in Uniform» hasta «Holy Smoke» (en 1992 se reeditaría bajo el título *From There to Eternity*, añadiéndosele los videoclips de los temas «Tailgunner», «Bring your Daughter to the Slaughter», «Be Quick or Be Dead», «Wasting Love» y «From Here to Eternity»); el directo *Donington Live 1992* (1993), testimonio de la actuación ante ochenta mil personas que el quinteto, al que se le sumaría Adrian Smith para el tema «Running Free», ofreció el 22 de agosto de 1992 en el festival de Donington, durante el *Fear of the Dark Tour*, y, por último, el también directo *Raising Hell* (1994), correspondiente a la actuación que la banda dio el 28 de agosto de 1993 en los estudios Pinewood de Londres, para ser emitida originalmente por canales de pago.

A comienzos del siglo XXI, y como antecedentes de la filmografía detallada en el anterior apartado, corresponden dos DVD más, tampoco incluídos en la web de la banda: *Classic Albums: Iron Maiden, The Number of the Beast* (2001), documental de ochenta minutos perteneciente a la serie de televisión *Classic Albums*, y *Visions of the Beast* (2003), una nueva compilación de videoclips producidos hasta aquel entonces.

$$\mathcal{J}$$

Las giras

1976-2017

De 1976 a 1979: por bares, pubs y discotecas

Iron Maiden han forjado su leyenda entroncando su génesis en las mismas vicisitudes que las de cualquier banda surgida en un barrio obrero más o menos acomodado, aunque, con mucho más empeño que medios, Steve Harris y su férrea determinación superarían todas las adversidades propias del manual imaginario de los grupos noveles: actuaciones mal pagadas y ante escaso público, una puesta en escena que hoy en día recuerda instántaneas que hacen sonrojar, las contínuas idas y venidas de una retahíla de músicos que en rara ocasión lograrían despuntar...

En sus tres primeros años de vida, antes de embarcarse en giras que cada vez fueron más ostentosas e interminables, Iron Maiden recorrieron todos los pubs y locales de Londres que se aventuraron a programar bandas de rock en una época en la que el punk y la música disco hacían estragos.

La primera actuación de Iron Maiden tuvo lugar el 1 de mayo de 1976 en una sala de la iglesia anglicana Saint Nicholas, ubicada en la calle Aberfeldy, en el barrio londinense de Poplar. Después, Maiden se convertirían en asiduos del Cart & Horses, pub del número 1 de la calle Maryland Point, en el que actuarían en veintiuna ocasiones durante el resto de aquel año (9 y 24 de junio; 1, 8, 15, 22 y 29 de julio; 12, 19, 26 y 27 de agosto; 2, 16 y 23 de septiembre; 1, 8 y 15 de octubre; 5, 12 y 19 de noviembre, y 21 de diciembre).

El resto de fechas, otras doce, se repartirían entre el Bridgehouse (15 y 17 de junio), la Dave Beasley's Residence (10 de julio y 28 de agosto), el Windsor Castle (7 de agosto), el Merry Fiddlers (22 y 29 de agosto y 5 de septiembre), el Queen Elizabeth (5 de octubre), el Polytechnic de Waltham Forest (18 de octubre), el Queen's Theatre (13 de noviembre) y el Assembly Hall (18 de noviembre).

1977 discurrió por la misma geografía de bares y pequeños locales de la capital del Támesis, siendo unas constantes el Cart & Horses (donde actuaron los días 1, 7, 14, 21 y 28 de enero; 4, 11, 18 y 25 de febrero, y 4, 11, 18 y 25 de marzo), y The Bridgehouse (28 de abril; 5, 19 y 29 de mayo; 2 de junio y 4, 11, 18 y 29 de julio). A éste total de veintidós conciertos se le sumarían otros diecisiete, repartidos entre The Harrow, The Plough & Harrow, Music Machine, el South Ockendon Social Club, The Tramshed y el Half Moon Theatre.

Tras un 1978 convulso para la formación, lo que solo permitió cuatro actuaciones (17 de febrero, The Bridgehouse; 6 de abril, Green Man; 7 de abril, Cart & Horses, y 8 de abril, The Bridgehouse), en 1979 la banda, con Paul Di'Anno, Steve Harris, Dave Murray y Doug Sampson como núcleo estable, vivió su primer gran año de conciertos, actuando no sólo en Londres y el resto de Inglaterra, sino también en Gales y Escocia.

No obstante, del total de ochenta y tres actuaciones, cifra que evidencia el compromiso de la banda, destacan las celebradas en tres recintos: el Ruskin Arms, el Bandwagon Soundhouse y el club Marquee.

El primero, en el que aquel año ofrecerían dieciocho actuaciones, está considerado como el trampolín del grupo, el lugar donde se ganaron el favor de un público modestamente numeroso pero fiel. La primera aparición del quinteto sobre el escenario improvisado del Ruskin Arms, que aún hoy en día sigue abierto en el número 386 de la calle High, fue el 17 de febrero.

El segundo, Bandwagon Soundhouse, en el que actuarían por primera vez el 19 de mayo, fue en el que lograron su primer contacto con el negocio musical, tras conocer a su promotor musical, Neal Kay, que medió para que los Maiden apareciesen en las páginas de la revista musical *Sounds* y se diesen a conocer a EMI mediante el proyecto del disco y la gira *Metal for Muthas*.

No menos significativo es el tercero, el club Marquee, cuyo nombre evoca directamente a la mejor etapa de la música moderna surgida en Gran Bretaña entre los años 1960 y 1970, puesto que por su antigua y original sede del número 90 de la calle Wardour, en el Soho londinense, pasaron estrellas como Rolling Stones, Led Zeppelin, Who, King Crimson, Yes, Jethro Tull, Jimi Hendrix, Pink Floyd, Status Quo, Police y The Jam, entre otros muchos. Por tanto, actuar en el Marquee significó para Iron Maiden encontrarse en el buen camino. Y aquel 1979 lo hicieron en dos ocasiones: el 19 de octubre y el 9 de diciembre.

---------------------- ϟ ----------------------

Metal for Muthas Tour – Iron Maiden Tour, 1980

Metal for Muthas es el nombre que se le dio a los dos álbumes corales que aparecerían en 1980, con la intención de dar a conocer a bandas británicas adscritas a la New Wave of British Heavy Metal.

De estos dos lanzamientos, el más destacable es el primero al ser testimonio de los primeros pasos de grupos como Praying Mantis, Angel Witch, Samson y, por supuesto, Iron Maiden, los únicos en incluir dos temas, «Sanctuary» y «Wrathchild». Por aquel entonces, Tony Parson era miembro de la banda, aunque pocas semanas después Dennis Stratton lo substituiría hasta que a partir de las actuaciones del 21 de noviembre de aquel mismo 1980 fuese, a su vez, reemplazado por Adrian Smith.

La promoción del primer volumen, *Metal for Muthas*, contó con una gira encabezada por Motörhead, Saxon y Samson y en la que Iron Maiden tan sólo participaron en sus primeras fechas, las comprendidas entre el 1 y el 11 de febrero, celebradas en Escocia (1 de febrero, Universidad de Aberdeen; 2 de febrero, Universidad de Glasgow; 3 de febrero, Universidad de Saint Andrew, y 4 de febrero, Tiffany's, Edimburgo) e Inglaterra (5 de febrero, Central Hall, Grimsby; 6 de febrero, Romeo&Juliet's, Bristol; 7 de febrero, Unity Hall, Wakefield; 8 de febrero, Polytechnic de Uddersfield; 9 de febrero, UMIST, Manchester; 10 de febrero, Lyceum Ballroom, Londres, y 11 de febrero, Civic Theatre, Mansfield).

El no continuar con el resto del *Metal for Muthas Tour* se debió a la incorporación del quinteto como teloneros de la gira por Gran Bretaña de Judas Priest, quienes presentaban su álbum *British Steel*. Diecinueve conciertos repartidos entre el 7 y el 27 de marzo de aquel 1980, que quedarían incluidos en el denominado *Iron Maiden Tour*, ciento un conciertos entre los que también se incluyeron apariciones en los festivales Wheel Pop (Kortrijk, Bélgica, el 5 de abril), Kuusrock (Oulu, Finlandia, el 19 de julio) y Reading (Inglaterra, el 23 de Agosto), así como otra tanda de conciertos como teloneros del *Unmasked Tour* de Kiss por Europa, entre el 29 de agosto y el 13 de octubre.

Adaptando la duración de sus actuaciones según fuesen cabezas de cartel o teloneros, el *setlist* más o menos estable de Iron Maiden durante aquel 1980 estuvo formado por los temas «The Ides of March», «Sanctuary», «Prowler», «Wrathchild», «Remember Tomorrow», «Charlotte the Harlot», «Killers», «Another Life», «Transylvania», «Strange World», «Innocent Exile«, «Phantom of the Opera», «Iron Maiden», «Running Free», «Drifter» y la versión «I've Got the Fire». Un repertorio brillante que despertó el interés de la prensa musical y avivó la reputación de la banda entre el público europeo.

The Beast on the Road, 1982

Después de los ciento dieciocho conciertos del *Killer World Tour*, ofrecidos entre el 17 de febrero y el 23 de diciembre de 1981 (que incluyeron una actuación en el festival Summerfest de Milwaukee y la posibilidad de telonear a Judas Priest en el *World Wide Blitz Tour* y a UFO en el *The Wild The Willing and the Innocent Tour* de UFO), en 1982 Iron Maiden encararon su primera gran y exitosa gira internacional, la *The Beast on the Road*, promoción del primer gran título de su discografía, *The Number of the Beast*.

Así, entre el 25 de febrero y el 10 de diciembre de 1982, Bruce Dickinson, Steve Harris, Dave Murray, Adrian Smith y Clive Burrse se echarían a las espaldas ciento ochenta y siete conciertos, con actuaciones en los festivales Day on the Green (Oakland, Estados Unidos), el 18 de julio, y Reading (Inglaterra) el 28 de agosto, además de las ofrecidas como teloneros de Scorpions (del 2 de julio al 12 de septiembre), Rainbow (del 11 de mayo al 27 de junio), 38 Special (del 25 de mayo al 19 de junio) y Judas Priest (del 15 de septiembre al 23 de octubre) por Estados Unidos.

El repertorio de la gira estuvo formado por los temas «Murders in the Rue Morgue», «Wrathchild», «Run to the Hills», «Children of the Damned», «The Number of the Beast», «Another Life», «Killers», «22 Acacia Avenue», «Total Eclipse», «Transylvania», «The Prisoner», «Hallowed be thy Name», «Phantom of the opera», «Iron Maiden», «Sanctuary», «Drifter», «Running Free» y «Prowler».

Como testimonio de aquel tour, el 4 de noviembre de 2002 aparecería *Beast Over Hammersmith*, disco producido por Steve Harris y Doug Hall y que recogía la actuación del 20 de marzo de 1982 registrada en el Hammersmith Odeon de Londres.

$\lightning$

World Slavery Tour, 1984-1985

Bruce Dickinson comentó en una ocasión respecto al *World Slavery Tour*: «Fue la mejor gira que hayamos hecho y fue, también, la peor; casi nos hizo separarnos para siempre». Y es que abocados, o más bien desbocados, a una agotadora sucesión de conciertos y grabaciones, y después de haber triunfado en 1983 con el *World Piece Tour* (gira, la primera con Nick McBrain, de ciento cuarenta y siete conciertos, al que pertenecen las históricas actuaciones en el festival de Dortmund de los días 17 y 18 de diciembre), entre el 9 de agosto de 1984 y el 5 de julio de 1985 Iron Maiden llevaron a término la gira más monumental de su carrera, formada por nada menos que ciento ochenta y nueve conciertos.

Muchas de aquellas fechas resultaron actuaciones demoledoras, aunque en la memoria de los miembros del grupo resulta inolvidable la que ofrecieron en el festival Rock in Rio de Brasil, el 11 de enero de 1985.

«Aces High», «2 Minutes to Midnight», «The Trooper», «Revelations», «Flight of Icarus», «Rime of the Ancient Mariner», «Powerslave», «The number of the Beast», «Hallowed be thy Name», «Iron Maiden», «Run to the Hills», «Running Free» y «Sanctuary» conformaron un listado de temas tan espectacular que resultó imposible evitar la publicación de los correspondientes disco y vídeo de directo, titulados *Live After Death*.

El soporte sonoro, publicado el 14 de octubre de 1985, se había grabado los días 8, 9, 10 y 12 de octubre de 1984 en el Hammersmith Odeon de Londres y los días 14, 15, 16 y 17 de marzo de 1985 en el Arena de Long Beach, resultando en su momento un éxito comercial al ser número 2 en Gran Bretaña, número 8 en Holanda y Suecia y Top 20 en Noruega, Nueva Zelanda y Estados Unidos, además de Disco de Doble Platino en Canadá, Disco de Platino en Estados Unidos y Disco de Oro en Austria, Suecia y Gran Bretaña.

En cuanto al soporte visual, publicado el 23 de octubre de 1985, contenía la filmación de los conciertos celebrados entre el 14 y el 17 de marzo de 1985 en el Arena de Long Beach, California, y también se granjeó el favor del público, que lo convirtió en Vídeo de Platino en Argentina y Estados Unidos y Vídeo de Oro en Australia, Finlandia, Alemania y Gran Bretaña.

Seventh Tour of a Seventh Tour, 1988

El *World Slavery Tour* resultó ser una jaula de oro en la que el quinteto liderado por Steve Harris vivió durante once meses. Es cierto que les valió la consecución de su definitivo estatus de megaestrellas del heavy metal, pero también les supuso un desgaste físico, mental y personal tan profundo que jamás volverían a embarcarse en una turné de semejantes características, aunque los ciento cincuenta y un conciertos del *Somewhere on Tour* de 1986 y 1987 puedan indicar lo contrario.

Aprendida la lección, del 28 de abril al 12 de diciembre de 1988 Iron Maiden encararon ciento un conciertos, de entre los que destacan las inusuales actuaciones en el festival itinerante Monsters of Rock, que comprendieron las fechas siguientes: 20 de agosto, Donington Park, Inglaterra; 27 de agosto, Maimarkt-Gelände, Schweinfurt, y 28 de agosto, Ruhrland Stadion, Bochum, en Alemania; 4 de septiembre, Sportpark Wilhelm II, Tilbrug, Holanda; 10 de septiembre, Festa de l'Unità, Modena, Italia; 17 de septiembre, Plaza de Toros, Pamplona, 18 de septiembre, Casa de Campo, Madrid, y 22 de septiembre, Plaza de Toros, Barcelona, en España, y 24 y 25 de septiembre, Palais Omnisports de Paris-Bercy, París, Francia.

Por si el centenar de conciertos no hubieran sido suficiente, además, y bajo el nombre de «Charlotte and the Harlots», el grupo ofreció actuaciones secretas en Alemania (28 y 29 de abril, Empire de Colonia), Estados Unidos (8 de mayo, L'Amour de Nueva York) e Inglaterra (17 de agosto, Queen Mary College de Londres).

Los temas más habituales durante el *Seventh Tour of a Seventh Tour* fueron «Moonchild», «The Evil that Men Do», «The Prisoner», «Infinite Dreams», «The Trooper», «Can I Play with Madness», «Heaven Can Wait», «Wasted Years», «The Clairvoyant», «Seventh Son of a Seventh Son», «The Number of the Beast», «Hallowed be thy Name», «Iron Maiden», «Run to the Hills», «Running Free» y «Sanctuary».

Como recuerdo de la gira, en el mes de noviembre de 1989 se publicaría el vídeo *Maiden England*, extracto de las actuaciones del 27 y 28 de noviembre de 1988 en National Exhibition Centre de Birmingham. En 2013 el DVD correspondiente incluiría la actuación al completo.

⚡

Fear of the Dark Tour 1992 - Real Live Tour 1993: la despedida de Bruce Dickinson

El cambio de década no le sentó bien ni al hard rock ni al heavy metal, géneros que se vieron destronados tras la impetuosa aparición del grunge. Sumado a esto, Iron Maiden tuvieron que hacer frente a sus propios demonios, con las bajas de Adrian Smith y Bruce Dickinson.

Casualmente, el substituto de Dickinson fue Blaze Bayley, líder de Wolfsbane, una de las bandas, junto a Anthrax, The Almighty y King's X, que habían teloneado a Maiden durante la gira de *No Prayer for the Dying* (del 19 de septiembre de 1990 al 21 de septiembre de 1991).

Sobre los escenarios, la despedida de Dickinson resultaría precipitada y un tanto agónica. Precipitada porque su marcha se dió a conocer tras los sesenta y cinco conciertos del *Fear of the Dark Tour* de 1992, que desde el 3 de junio y hasta el 4 de noviembre recorrería Europa, Estados Unidos, Sudamérica, Australia, Nueva Zelanda y Japón.

De su paso por Europa cabe destacar la nueva anexión de la banda a la edición itinerante del Monsters of Rock, que en aquella edición les llevó a actuar en las fechas siguientes: 12 de septiembre, Arena Festa Dell' Unita, Reggio Emilia, Italia, 14 de septiembre, Plaza de toros de Las Arenas, Barcelona, 17 de septiembre, Velódromo de Anoeta, San Sebastián, 18 de septiembre, Plaza de toros de Las Ventas, Madrid, y 19 de septiembre, Plaza de Toros, Zaragoza, en España.

Además, bajo el nombre de «The Nodding Donkeys», la banda ofrecería durante el *Fear of the Dark Tour* un concierto secreto en Inglaterra, celebrado el 3 de junio en The Oval Rock House de Norwich. ·

El repertorio de la gira estuvo compuesto por los temas «Be Quick or Be Dead», «The Number of the Beast», «Wrathchild», «From Here to Eternity», «Can I Play with Madness», «Wasting Love», «Tailgunner», «The Evil that Men Do», «Afraid to Shoot Strangers», «Fear of the Dark», «Bring Your Daughter... to the Slaughter», «The Clairvoyant», «Heaven Can Wait», «Run to the Hills», «2 Minutes to Midnight», «Iron Maiden», «Hallowed be thy name», «The Trooper», «Sanctuary» y «Running Free».

El remate formal a la despedida de Dickinson, la citada parte agónica (Steve Harris se quejaría más tarde del supuesto desinterés mostrado por Dickinson), sería el *Real Live Tour*, cuarenta y seis conciertos llevados a cabo entre el 25 de marzo y el 28 de agosto de 1993 exclusivamente por Europa (Portugal, España, República Checa, Eslovaquia, Austria, Holanda, Francia, Alemania, Suecia, Italia, Gran Bretaña, Suiza y Rusia).

De aquella breve serie de actuaciones nos queda *A Real Live on*, publicado el 22 de marzo de 1993 y grabado durante el *Fear of the Dark Tour* de 1992 en el festival Super Rock'92, en Mannheim, Alemania, el 15 de agosto; el Forest National de Bruselas, en Bélgica, el 17 de agosto; el Valby-Hallen de Copenague, Dinamarca, el 25 de agosto; el Ice Hall de Helsinki, Finlandia, el 27 de agosto; el Globe de Estocolmo, Suecia, el 29 de agosto; el Brabanthallen de Den Bosch, Holanda, el 2 de septiembre; el Grande Halle de la Villette, París, Francia, el 5 de septiembre; La Patinoire de Malley, Lausana, Suiza, el 4 de septiembre, y el festival Monsters of Rock, Reggio Emilia, Italia, el 12 de septiembre.

Este disco tuvo una buena acogida en Gran Bretaña, donde fue número 3, y una moderada aceptación en Austria, Alemania, Suiza, Japón, Suecia, Holanda y Australia, así como en Francia, donde fue Disco de Oro. Pero en Estados Unidos pasó casi despercibido (número 106), debido a la vorágine suscitada por las hordas de Nirvana provenientes de Seattle.

Brave New World Tour 2000-2001: de la ausencia y retorno de Bruce Dickinson

Como ya se ha comentado, tras la diáspora de Bruce Dickinson en 1993, Iron Maiden tuvieron que resolver la acuciante necesidad de encontrar no sólo a un gran cantante sino también a un compositor cualificado, y el hombre escogido fue Blaze Bayley, quien hizo todo lo que estuvo en su mano para estar a la altura de las circunstancias. Sin embargo, al final, no lograría satisfacer ni a los fans ni al resto de los miembros del grupo.

A pesar de todo, durante los cinco años que Bayley permanecería en la banda, la maquinaria Maiden jamás se detendría, aunque bien es cierto que en directo tampoco llegó a funcionar a pleno rendimiento. De hecho, durante las giras *The X Factor Tour* (del 28 de septiembre de 1995 al 7 de septiembre de 1996) y *Virtual XI Tour* (del 22 de abril al 12 de diciembre de 1998) se suspendieron veintitrés de los doscientos nueve conciertos previstos. Muchas de esas cancelaciones fueron debidas a los problemas en las cuerdas vocales de Bayley y la cifra, veintitrés, era casi la misma que la de conciertos que no llegaron a celebrarse durante la época de Dickinson, veintinueve.

El propio Bayley siempre fue conocedor de la animadversidad que despertaba involuntariamente entre los fans de la banda, reconociendo públicamente: «Mucha gente me odiaba por estar en Iron Maiden.» Así que, tras un lustro con dos discos y dos giras recibidos con desaire por crítica y público, Harris, Dickinson y Smith limaron asperezas, obviaron orgullos y a comienzos de 1999 decidieron reanimar a la Doncella.

Antes de encerrarse en el estudio, hubo entonces un preliminar: el *Ed Hunter Tour*, una breve puesta a punto de veintiocho conciertos que, entre el 11 de julio y el 10 de octubre de 1999, recorrió fugazmente Canadá, Estados Unidos y nueve países de Europa.

Un año después, tras grabar el álbum *Brave New World* entre el verano de 1999 y la primavera de 2000, la formación clásica de Iron Maiden más el siempre fiel Janick Gers se embarcaron en el *Brave New World Tour*, que desde el 2 de junio de 2000 hasta el 19 de enero de 2001 ofrecería ochenta y un conciertos, que incluirían actuaciones en los festivales Dynamo Open Air (3 de junio de 2000), Gods of Metal (10 de junio de 2000), With Full Force (23 de junio de 2000), Graspop Metal Meeting (24 de junio de 2000), Roskilde (29 de junio de 2000), Song Festival Grounds (2 de julio de 2000), Vilar de Mouros (16 de julio de 2000), Open Air (22 de julio de 2000) y Rock in Rio (19 de enero de 2001).

Precisamente de esta última actuación se publicarían el CD y DVD *Rock in Rio*. El primero en aparecer sería el formato audio, producido por Steve

Harris y Kevin Shirley, que ya se habían encargado de hacer lo propio con el álbum *Brave New World*. Publicado el 25 de marzo de 2002, *Rock in Rio* en su versión cedé devolvería a Iron Maiden a los primeros puestos en los ránkings internacionales, siendo Top 20 en Italia, Finlandia, Alemania, Noruega, Suecia, Gran Bretaña, Austria y Suiza.

Por su parte, la edición en DVD, publicada el 10 de junio de 2002 y dirigida por Dean Karr, lograría el número 1 en Gran Bretaña, el número 2 en Alemania, Noruega y Estados Unidos y el número 3 en Austria y Finlandia, además de ser Vídeo de Doble Platino en Canadá.

---------- ⚡ ----------

Somewhere back in time world tour 2008-2009: una mirada al pasado, primera parte

A finales de la primera década del siglo XXI la industria musical había cambiado definitivamente respecto al modo tradicional de promocionar la música. La red había convulsionado el negocio al dar cobijo a la distribución fraudulenta de la producción musical, mermando ostensiblemente el rédito económico. Por tanto, año tras año los artistas consagrados se vieron en la obligación de buscar nuevas vías de promoción.

En el caso de Iron Maiden, como en el de otras muchas bandas, se aseguraron audiencias participando en festivales, cada vez más numerosos a ambos lados del Atlántico, ya que giras interminables como las de los años ochenta resultaban económicamente arriesgadas. Así, a las ya citadas apariciones en este tipo de eventos durante la gira *Brave New World Tour* de 2000-2001, se sucederían otras en cada una de sus siguientes giras.

Por ejemplo, en el *Give Me Ed... 'Til I'm Dead Tour* de 2003, el sexteto participó en los festivales Download (31 de mayo de 2003), Rock Am Ring (6 de junio de 2003), Rock Im Park (7 de junio de 2003), Waldrock Festival (21 de junio de 2003), Roskilde (27 de junio de 2003), Graspop Metal Meeting (5 de julio de 2003), Espárrago Rock (11 de julio de 2003) Metalmania (12 de julio de 2003). Y ya en el *Eddie Rips Up the World Tour* de 2005 Iron Maiden actuarían en los festivales de Rock Am Ring (4 de junio de 2005), Rock Im Park (5 de junio de 2005), Gods of Metal (11 de junio de 2005), Spirit of Music (12 de junio de 2005), Lorca Rock (18 de junio de 2005),

Graspop Metal Meeting (26 de junio de 2005), With Full Force (2 de julio de 2005), Bospop (3 de julio), Leeds Festival (26 de agosto de 2005) y Reading Festival (28 de agosto de 2005). El siguiente *A Matter of Life and Death Tour* de 2006 y 2007, incluiría fechas en los festivales de Desert Rock (9 de marzo de 2007), Download (10 de junio de 2007), Heineken Jammin (14 de junio de 2007), Fields of Rock (16 de junio de 2007), BBK Live (21 de junio de 2007) y Graspop Metal Meeting (23 de juniode 2007).

Las apariciones en tantos festivales sirvieron para constatar que una nueva generación de seguidores del metal añoraban la época dorada del género, a la cual tanto habían aportado precisamente los propios Maiden. De ahí que en 2008, sin grabación de un nuevo disco a la vista, el sexteto se regocijase echando una mirada al pasado y recuperase uno de sus capítulos más creativos, el de los años *Powerslave-Somewhere in Time-Seventh Son of a Seventh Son*.

Bajo esa premisa nació el *Somewhere Back in Time World Tour*, que desde el 1 de febrero de 2008 hasta el 2 de abril de 2009 ofrecería noventa conciertos por Australia, Japón, India, Estados Unidos, Canadá, Europa y América del Sur con la misma escenografía que el grupo había lucido en el *World Slavery Tour*.

Añoranza absoluta, si bien es cierto que para aquellos conciertos Iron Maiden quisieron dar la alternativa a formaciones más noveles, contando con un grueso listado de teloneros que incluía a Vanishing Point, Behind Crimson Eyes, Parikrama, Trivium, Within Temptation, Kamelot, Avenged Sevenfold, Trooper, Made of Hate, Salamandra, Tainted, Atreyu, Agora, Witchblade, IRA y MASACRE, sin olvidar a la hija del propio Steve Harris, Lauren Harris.

También, y como en anteriores giras, el sexteto recorrió en 2008 buena parte del circuito de festivales, actuando en Gods of Metal (27 de junio), Graspop Metal Meeting (28 de junio), Super Bock Super Rock (9 de julio), Vía de la Plata (11de julio), Wacken Open Air (31 de junio) y Sziget Festival (12 de agosto).

En el *Somewhere Back in Time World Tour* la banda interpretó dos repertorios distintos, que quedaron compendiados en el DVD *Flight 666, The Film*, publicado el 21 de abril de 2009. El documental de Scot McFadyen y Sam Dunn, filmado durante los conciertos celebrados en febrero y marzo de 2008, reúne el siguiente *setlist*: «Aces High«, «2 Minutes to Midnight», «Revelations», «The Trooper», «Wasted Years», «The Number of the Beast», «Can I Play with Madness», «Rime of the Ancient Mariner», «Powerslave», «Heaven Can Wait«, «Run to the Hills«, «Fear of the Dark», «Iron Maiden», «Moonchild», «The Clairvoyant» y «Hallowed be thy Name».

Dicho de otro modo: el *Somewhere Back in Time World Tour* mostraba a las nuevas generaciones, veinte años después, porqué Iron Maiden habían sido reconocidos en su momento como los abanderados de la Nueva ola del heavy metal británico.

⚡

Maiden England World Tour, 2012-2014: una mirada al pasado, segunda parte

El *Final Frontier World Tour* (del 9 de junio de 2010 al 6 de agosto de 2011) se ajustó a la promoción de un álbum en estudio, en este caso *The Final Frontier* (2010), mediante una gira de noventa y ocho conciertos que, entre otros muchos, contó con artistas invitados de renombre como Dream Theater, Heaven & Hell, Dark Tranquility, Bullet for My Valentine, Exodus, Alice Cooper y Airbourne. Contó también –como ya venía siendo costumbre en la agenda de Iron Maiden– con un extenso paso por festivales, especialmente en su tramo de 2011, que incluyó Roskilde (30 de junio), Festivalpark (3 de julio), Getafe Open Air (16 de julio), Ottawa Blues (6 de julio), Quebec City Summer (9 de julio), Sonisphere (1, 7 y 8 de agosto de 2010 y 10, 11, 17, 19, 21, 24 y 25 de junio de 2011), Pukkelpop (19 de agosto de 2010), Soundwave (26 y 27 de febrero y 4, 5 y 7 de marzo de 2011), Nova Rock (13 de junio) y Rock Werchter (3 de julio).

Siguiendo con las tradiciones, Iron Maiden también lanzaron el correspondiente CD y DVD de la gira, *En Vivo*, publicado el 26 de marzo de 2012 y que contenía el concierto celebrado el 10 de abril de 2011 en el Estadio Nacional de Santiago de Chile.

Pero la vuelta de tuerca en cuanto a celebraciones reiterativas fue el *Maiden England World Tour*, una gira de cien conciertos a los que acudieron dos millones de personas en treinta y dos países.

Llevado a cabo del 21 de junio de 2012 al 5 de julio de 2014, el *Maiden England World Tour* consistió en cien conciertos que contaron con otra sarta de bandas de lujo, como Alice Cooper, Coheed and Cambria, Anthrax, Megadeth o Slayer y entre los que se incluyeron fechas en festivales como Summerfest (4 de julio de 2012), Ottawa Bluefest (7 de julio de 2012), Rock Fest (21 de julio de 2012), Sonisphere Festival (a su paso por España, Francia, Italia e Inglaterra, los días 31 de mayo, 1 de junio, 8 y 9 de junio de 2013 y 5 de julio de 2014, respectivamente), Download (15 de junio de 2013), Graspop Metal Meeting (30 de junio de 2013), Rock in Rio (22 de septiembre de 2013), Rock am Ring (5 y 9 de junio de 2014) o Hellfest (20 de junio de 2014), por citar algunos de los muchos en los que Iron Maiden participaron.

La gira, cómo no, sirvió de nuevo como excusa para publicar, el 25 de marzo de 2013, los correspondientes CD y DVD, ambos bajo el título *Maiden England'88*, recuperando los conciertos ofrecidos los días 27 y 28 de noviembre de 1988 en el National Exhibition Centre de Birmingham, Inglaterra.

En el caso del segundo formato, el visual, incluye, además el documental *The History of Iron Maiden, Part 3*, el vídeo de 1987 *12 Wasted Years* y los videoclips de las canciones «Wasted Years», «Stranger in a Strange Land», «Can I Play with Madness», «The Evil that Men Do» y «The Clairevoyant».

The Book of Souls World Tour, 2016-2017

Con veintidós giras internacionales y más de dos mil doscientos conciertos a sus espaldas, Iron Maiden se prepararon para celebrar sus cuatro décadas en la música de la manera que mejor sabían hacer: un nuevo disco seguido de una nueva gira mundial.

El disco era *The Book of Souls*, publicado el 4 de septiembre de 2015. Una ambiciosa grabación de quince temas y un minutaje de noventa y dos minutos, que daba cabida al tema más extenso del cancionero de la Doncella de hierro: «Empire of the Clouds», una composición de Bruce Dickinson de dieciocho minutos de duración.

En lo que se refiere a la consecuente gira, ésta comenzó el 24 de febrero de 2016 y se prolongaría hasta el 22 de julio de 2017, tiempo durante el cual el sexteto realizaría ciento diecisiete conciertos. Para la ocasión, Maiden reclutaron como bandas teloneras a The Raven Age, Anthrax, Araña, Ghost, Opeth, Sabaton, Stratovarius, Amon Amarth, Shinedown, Exodus y Kamelot. Particparon, como de costumbre, en los festivales de Rock im Revier (27 de mayo de 2016), Rockavaria (29 de mayo de 2016), Sonisphere (3 de junio de 2016), Rock in Vienna (5 de junio de 2016), Download Festival (10 y 12 de junio de 2016), Graspop Metal Meeting (19 de junio de 2016), Volt Festival (1 de julio de 2016), Resurrection Fest (9 de julio de 2016), Rock Fest (16 de julio de 2016), Paleo Festival (20 de julio de 2016), Rock in Roma Sonisphere (24 de julio de 2016), Rock the City (30 de julio de 2016) y Wacken Open Air (4 de agosto de 2016).

Una inabarcable sucesión de actuaciones, grabaciones y demás lanzamientos, impensables cuando en el mes de diciembre de 1975 Steve Harris apostó por su sueño musical.

⚡

Bibliografía seleccionada

Libros en castellano

Fabián, Juan A., *Iron Maiden, Compromiso con el Heavy*, editorial La Máscara, 1995.

Fuentes Rodriguez, César, *Iron Maiden, El viaje de la Doncella*, Ediciones Quarentena, 2005.

Muniesa, Mariano, *Iron Maiden en España*, Ediciones Quarentena, 2013.

Ordás, Juanjo, *Iron Maiden, Deconstrucción*, editorial Milenio, 2015.

Libros en inglés

Artwood, Dave. *Iron Maiden - Uncensored on the Record*, Archive Media Publishing, 2012.

Brown, Jake, *Iron Maiden in the Studio: The Stories Behind Every Album*, John Blake Publishing, 2011.

Bushell, Garry y Halfin, Ross, *Iron Maiden, Running Free*, Cherry Lane Books, 1984.

Daniels, Neil, *Killers: The Origins Of Iron Maiden, 1975–1983*, Soundchech Books, 2014.

Daniels, Neil, *Iron Maiden - Playing With Madness: A Collection of Writings on the Beast*, Createspace Independent Publishing Platform, 2016.

Daniels, Neil, Iron Maiden, *Updated Edition: The Ultimate Illustrated History of the Beast*, Voyageur Press, 2016.

Di'Anno, Paul, Beast, *The Drugs, the Groupies...the Whole Story*, John Blake Publishing, 2010.

Halfin, Ross, *Iron Maiden, A Photo History*, Omnibus Press 2006.

Popoff, Martin, *2 Minutes to Midnight, Day by Day*, 2013.

Prato, Greg, *Iron Maiden, 80-81*, Createspace Independent Publishing Platform, 2015.

Schon, Brigitte, *Bruce Dickinson: Insights: An interpretation of his solo albums*, Troubador Publishing, 2015.

Stenning, Paul, *Iron Maiden: 30 Years of the Beast, The Complete Biography 1976-2006*, Chrome Dreams, 2006.

Shooman, Joe, *Bruce Dickinson: Flashing Metal with Iron Maiden and Flying Solo*, Independent Music Press, 2007.

Welch, Chris, *The Iron Maiden, Vault*, Treasures, 2016.

Libros en italiano

Gamba, Marco y Visintini, Nicola. *Iron Maiden, Discografie Illustrate*, Coniglio Editore, 2006.

Ruggeri, Henry y Gamba, Marco . *Il Settimo Figlio. Iron Maiden in Italia 1988-2013*, Arcana, 2013.

Libros en francés

Ury-Petesch, Jean-Philippe, *Iron Maiden, L'ED'dictionnaire*, Camion Blanc, 2010.

Ury-Petesch, Jean-Philippe, *Iron Maiden la Tribu de la Vierge de Fer*, Camion Blanc, 2010.

En la misma colección

Heavy Metal

Andrés López Martínez

Este libro hace un repaso pormenorizado de la historia del heavy metal, destacando las claves del género y las bandas más representativas del panorama internacional, incluyendo aquellas que más suenan en España e Hispanoamérica.

- Metal progresivo: Queensrÿche, Fates Warning y Dream Theater.
- Funk Metal: Living Colour, Primus, Red Hot Chili Peppers, Faith No More.
- Grindcore: Napalm Death, Carcass, Bolt Thrower, Brutal Truth, Extreme Noise Terror.
- Groove Metal: Exhorder, Pantera y White Zombie.

Soul y Rhythm & Blues

Manuel López Poy

Este libro hace un repaso pormenorizado de la historia del soul y el rhythm and blues, destacando cuáles son las claves de un género que ha hecho bailar y emocionarse a media humanidad, así como una amplia selección de sus principales grupos y los álbumes fundamentales que lo componen.

- Los grandes pioneros: Sam Cooke y Ray Charles.
- Bajo el sello Stax Records: Otis Redding, Sam & Dave.
- Llega la revolución soul: Aretha Franklin.
- El fenómeno Motown: The Supremes, Gladys Knight & The Pips.
- El neo soul: Amy Winehouse, Erykah Badu, Jill Scott.

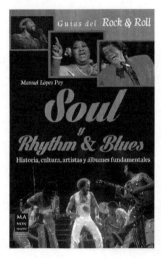

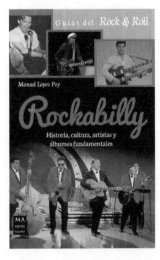

Rockabilly

Manuel López Poy

Este libro es una completa guía para conocer los grupos y los personajes clave que forjaron la leyenda y el mito del rock y de uno de sus principales subgéneros, el rockabilly.

- Fats Domino: el pionero de Nueva Orleans.
- Johnny Hallyday, el orgullo francés.
- Buddy Holly, el chico formal de contundente rock and roll.
- Roy Orbison o la trágica melancolía.
- Elvis Presley, simplemente El Rey.

Hard Rock

Andrés López Martínez

El hard rock se ha hecho partícipe de los preceptos ideológicos más sólidos del rock y puede definirse también como fuerza, gallardía, pasión y fulgor. Este libro desbroza la historia del hard rock, destacando sus claves identificativas y las bandas que lo representaron, así como la discografía fundamental.

• Aerosmith, en la montaña rusa del rock americano.
• Alice Cooper Band, shock rock y degeneración fantástica.
• Deep Purple, la señorial saga del heavy rock.
• King Crimson, sólo para paladares exquisitos.
• Led Zeppelin, el paraíso inalcanzable del rock duro.

Dance Electronic Music

Manu González

La historia de la música electrónica de baile es la historia de sus instrumentos, de sus clubs, de sus dj's, de sus comunidades y también de sus drogas. He aquí un libro que es algo más que unas páginas sobre música electrónica: es un certero viaje a través de más de cuarenta años de sonidos marcianos, rítmicas imposibles, paredes húmedas y sonido atronador.

• Björk: El house pop que vino del norte.
• The Chemical Brothers: La banda que revolucionó la música de baile.
• Daft Punk: El tecno que se volvió masivo.
• Depeche Mode: El músculo tecno pop.

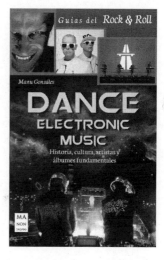

Rockeras

Anabel Vélez

Mujeres como Grace Slick, Janis Joplin, Tina Turner o Patti Smith tuvieron que saltar muchos obstáculos a la hora de subirse a un escenario y poner música y actitud al rock. Pero también fue su trabajo y su talento lo que les llevó a hacerse un hueco en la historia de este género musical. Esta es la historia de las rockeras más importantes, sus difíciles comienzos, los caminos que les llevaron al éxito y los discos que las encumbraron.

• Pat Benatar: La primera voz del hard rock.
• Patti Smith: La poetisa del rock.
• Amy Winehouse: El mito caído demasiado pronto.
• Marianne Faithfull: La voz rota.

Todos los títulos de la colección:

Guías del Rock & Roll

Indie & rock alternativo - *Carlos Pérez de Ziriza*

Country Rock - *Eduardo Izquierdo*

Soul y rhythm & blues - *Manuel López Poy*

Heavy Metal - *Andrés López*

Rockabilly - *Manuel López Poy*

Hard Rock - *Andrés López*

Dance Electronic Music - *Manu González*

Rockeras - *Anabel Vélez*

Reggae - *Andrés López*

Rock progresivo - *Eloy Pérez Ladaga*

Mitos del Rock & Roll

Bob Dylan - *Manuel López Poy*

Pink Floyd - *Manuel López Poy*

Queen & Freddie Mercury - *José Luis Martín*